A mão no espelho

A mão no espelho

Janis Heaphy Durham

SEXTANTE

Título original: *The hand on the mirror*

Publicado mediante acordo com
Grand Central Publishing, Nova York, Nova York, EUA.

tradução: Beatriz Medina
preparo de originais: Rafaella Lemos
revisão: Clarissa Peixoto, Juliana Souza e Luis Américo Costa
projeto gráfico e diagramação: Valéria Teixeira
capa: Raul Fernandes
impressão e acabamento: Bartira Gráfica e Editora S/A

CIP-BRASIL. CATALOGAÇÃO NA PUBLICAÇÃO
SINDICATO NACIONAL DOS EDITORES DE LIVROS, RJ

D96m Durham, Janis Heaphy
A mão no espelho / Janis Heaphy Durham; tradução de Beatriz Medina; Rio de Janeiro: Sextante, 2015.
256 p.: il.; 14 x 21 cm.

Tradução de: The Hand on the Mirror

ISBN 978-85-431-0256-6

1. Espiritismo. 2. Vida espiritual. 3. Espiritualidade. 4. Religião. I. Título.

CDD 133.9
15-24137 CDU 133.9

Rua Voluntários da Pátria, 45 – Gr. 1.404 – Botafogo
22270-000 – Rio de Janeiro – RJ
Tel.: (21) 2538-4100 – Fax: (21) 2286-9244
E-mail: atendimento@sextante.com.br
www.sextante.com.br

Para Max

Amar o outro é ver a face de Deus.

VICTOR HUGO, *Os Miseráveis*

SUMÁRIO

É muito mais fácil reconhecer o erro do que encontrar a verdade; aquele está na superfície, de modo que se deixa erradicar facilmente; esta repousa no fundo, e investigá-la não é coisa para qualquer um.

Johann Wolfgang von Goethe, 1749–1832

Introdução

Esta é a história de uma jornada pessoal fora do comum. Não é o que se esperaria de alguém com minha criação tradicional e minha experiência profissional. Ela começa com a morte prematura de meu amado marido Max Besler, em 2004, e se desenrola num período de oito anos, com uma série de fatos extraordinários que me deixaram a princípio perplexa e depois curiosa. Esta é a história de meu crescimento espiritual e de como minha mente se abriu aos poucos para realidades que antes eu consideraria inimagináveis. É uma história sobre o amor e como ele conecta todos nós num universo muito mais fascinante do que eu jamais imaginara. Espero que meu relato seja uma fonte de força para todos aqueles que são tocados pela morte - ou seja, todos nós.

O que acontece após a morte é uma questão que sempre nos intrigou. O tema costuma causar alguma inquietação. Aqui estamos nós, levando vidas plenas e ativas. Por que deveríamos pensar na morte? Mas então ela nos atinge. Perdemos algum ente querido e somos obrigados a pensar sobre o assunto e sobre o que acontece depois que morremos. Cientistas, teólogos, escritores, músicos, poetas e artistas plásticos - todos já abordaram essa questão direta ou indiretamente. Ela está no centro do sistema de crenças das religiões organizadas, como aquela em que fui educada pela minha família, a igreja presbiteriana. Acreditamos que, quando morremos, vamos para o céu. Mas o que é o céu?

Se soubéssemos, não apenas pela fé em nossa religião, mas através de dados da ciência moderna, que nossa consciência sobrevive após a morte, isso teria um impacto profundo sobre o nosso comportamento. Considero indiscutível que esta seja a questão mais importante da vida: existe vida após a morte? O que poderia ser mais importante? Este livro sugere que continuamos vivos depois de morrer, mas de uma forma diferente. Em termos simples, a vida não acaba com a morte física. Minha esperança é abrir a mente dos leitores para essa possibilidade.

Minha maior motivação para escrever *A mão no espelho* foi estimular as pessoas a falar abertamente sobre suas experiências de comunicação com entes queridos já falecidos. Também espero que este livro ofereça aos leitores não apenas uma estrutura emocional, mas também uma base intelectual para legitimar essas experiências. A discussão sobre esse assunto deveria ocorrer às claras, sem restrições. Seria um benefício para toda a sociedade se eliminássemos o estigma negativo ligado aos relatos pessoais sobre a vida após a morte – inclusive aqueles que envolvam manifestações sobrenaturais, como a minha.

Parte significativa de minha relutância em escrever este livro se deve ao medo do constrangimento. Eu sabia que minhas revelações seriam polêmicas, e fiquei obcecada com o que minha família e meus amigos iriam pensar. É claro que eu sabia que eles me amavam, mas temia que isso não os impedisse de pensar que minha tristeza profunda havia afetado meu juízo. E também tinha receio quanto à reação de meu círculo mais amplo de amigos e colegas, principalmente aqueles com quem eu trabalhava. Estava convencida de que, para muitas dessas pessoas, cujas personalidades são muito apegadas a fatos científicos, seria impossível aceitar a natureza estranha dos acontecimentos que vivenciei. Quem poderia condená-las? A história é inacreditável, está fora dos limites do normal. E, muito embora haja fotografias para documentá-la, costumamos acreditar apenas naquilo que queremos acreditar – e não no que pode ser inacreditável, mas verídico.

Sei que não estou sozinha nesse medo da condenação pública. Como parte de minha pesquisa, contei minha história e mostrei as fotografias a algumas pessoas, e muitas delas se identificaram com minhas experiências. Na verdade, estavam ansiosas para me contar a história delas e às vezes mencionavam que nunca a haviam revelado a ninguém – em certos casos nem aos cônjuges –, por medo da reação dos outros. Descobrir que elas também estavam relutantes alimentou minha coragem de vir a público.

Todas as histórias tem personagens, e esta não é exceção. Você conhecerá minha família, meus amigos, professores, pesquisadores, psicólogos, físicos, líderes espirituais, médiuns e uma série de outros indivíduos que participaram da minha jornada e foram fundamentais em minha investigação. Talvez as semelhanças entre o pensamento de todos eles lhe cause surpresa, apesar de nem sempre se expressarem com a mesma linguagem. Você vai conhecer alguns cientistas importantes nesse campo e tomar conhecimento da frustração deles ao tentar aprofundar suas pesquisas. Espero que, como eu, você possa reconhecê-los como pessoas fascinantes.

Algumas questões técnicas vão muito além de minha capacidade, mas tentei descrever os princípios e avanços científicos de maneira que o leitor entenda. Minha meta é permitir que os cientistas e suas respectivas pesquisas recebam a atenção que merecem.

Se os leitores se sentirem à vontade para contar suas histórias sobre a sobrevivência da consciência e a vida após a morte, o assunto poderá ganhar algum destaque e talvez receba uma cobertura mais séria por parte da imprensa. Com isso, os cientistas desse campo poderiam fazer suas pesquisas num ambiente mais aberto e com financiamento adequado. Qualquer contribuição que este livro possa dar nesse sentido será imensamente gratificante para mim.

A aceitação cada vez maior da sobrevivência da consciência e, portanto, da vida após a morte, tem o potencial de provocar mudanças em todos nós. Levaremos a vida com mais ênfase no amor e menos no medo da perda, e talvez – apenas talvez – comecemos a entender nosso verdadeiro propósito.

JANIS HEAPHY DURHAM

capítulo 1

A MÃO NO ESPELHO

Em 8 de maio de 2005, um domingo, minha vida mudou. Nesse dia descobri uma grande marca de mão no espelho do banheiro da minha casa em Sacramento, na Califórnia. Não era uma marca comum. Parecia feita de um pó suave, branco, e mostrava todos os detalhes da estrutura óssea, como se fosse uma radiografia. Examinei com mais atenção e vi que era a mão de um homem, devido ao formato másculo dos dedos e à base larga da palma. Apenas estava ali, a imagem fixada ao espelho, perfeitamente formada. Aparecera do nada. Literalmente do nada.

O dia em que a mão apareceu era o primeiro aniversário de morte de meu marido, Max Besler. Ele morreu na sala de casa, cercado pela família e pelos amigos. Estávamos casados havia quatro anos quando, aos 56 anos, ele recebeu o diagnóstico de câncer de esôfago. Seis meses depois, ele se foi, deixando arrasados eu e meu filho, Tanner, de 14 anos. Nós dois o amávamos muito. Tínhamos nos tornado uma família. Naquele Dia das Mães, um ano depois, eu ainda batalhava com o luto e me preocupava em saber como Tanner estava lidando com sua tristeza. Meu filho era muito jovem e impressionável e, como a maioria dos rapazes de sua idade, não era de falar muito. Eu estava introspectiva e atenta naquele aniversário de um ano, vigilante em meu papel de mãe e protetora.

Tanner e eu estávamos sentados juntos na mesinha do quintal, ao sol do início da tarde. Ele dividia seu tempo entre nossa casa

em Sacramento e a casa do pai, em El Dorado Hills, a cerca de meia hora de distância. Um divórcio nunca é fácil, mas Bob Heaphy e eu estávamos decididos a colocar o bem-estar de Tanner em primeiro lugar. Havíamos nos esforçado muito para lhe oferecer um cronograma constante e confiável, e a garantia, em atos e palavras, de que, embora morássemos em casas separadas, ele era amado e totalmente apoiado em ambas. Max contribuiu ainda mais para esse amor. Naquele dia, me senti consolada por estar com Tanner, com seu cabelo louro curtinho e seu físico atlético, perto de mim. Adorava vê-lo concentrado no dever de casa e dei um sorriso de mãe ao notar seu hábito de mover os lábios enquanto lia em silêncio. Eu estava dando conta das minhas leituras atrasadas – meu dever de casa autoimposto: sempre levava trabalho para casa no fim de semana. Depois de algum tempo, percebemos que estávamos com fome e me levantei da mesa para entrar e preparar um lanche. Tanner comia como todo adolescente saudável – ou seja, sem parar. Além disso, a comida seria uma distração da tristeza em nosso coração naquela data especial.

Nossa casa era em formato de U, com a suíte de casal, o quarto de Tanner e uma sala íntima na ala esquerda e a sala de estar, a sala de jantar e a biblioteca no meio. Na ala direita do U ficavam a cozinha, a suíte de hóspedes, a lavanderia e a saída para a garagem. Max passara seu último mês no quarto de hóspedes, e não em nosso quarto, porque ficava mais confortável sozinho na cama, já que estava sentindo muita dor. E insistiu que eu dormisse bem, porque eu continuava trabalhando.

Antes de entrar na cozinha para preparar o lanche, fui ao banheiro da suíte de hóspedes. Foi então que vi a marca de mão. Sabia que não estava ali antes, já que havia penteado o cabelo diante daquele mesmo espelho havia uma hora. Atordoada com aquela visão, fiquei pelo menos um minuto paralisada. Não conseguia entender o que era aquilo. Aos 53 anos, eu nunca tivera uma

experiência tão completamente fora do comum. Meus olhos estavam fixos em algo inexplicável. Meu cérebro se esforçava para alcançar meus olhos. Será que eu estava enlouquecendo? Talvez. Será que alguém tinha entrado sem ser visto para me pregar uma peça? Pouco provável.

Tanner e eu teríamos visto ou ouvido qualquer um que passasse pela porta aberta do pátio. E como uma mão humana poderia ser transparente como uma radiografia? Lentamente, minha voz voltou a funcionar e consegui gritar:

– Tanner, venha cá! Depressa!

– O que aconteceu, mãe? Você está bem? – perguntou ele.

– Olhe – gritei. – Você não fez isso, fez?

Nesse momento percebi que parecia meio histérica. Assim que as palavras saíram da minha boca eu soube que ele não fizera aquela marca, porque tinha ficado junto de mim o tempo todo em que estivéramos trabalhando e durante o tempo decorrido desde que eu fora ao banheiro. Só para conferir, pedi a Tanner que pusesse a mão direita perto da marca para comparar as duas. Percebi como era ridículo eu ter pensado que ele fizera aquilo. A imagem era muito maior do que sua mão – e tinha um formato diferente.

Nós dois perdemos a fala e ficamos olhando aquela marca, assombrados. Aos poucos, nos viramos e nossos olhos se encontraram. Sabíamos que estávamos testemunhando algo espantoso e ficamos com um pouco de medo. Era muito estranho; não fazíamos ideia do que poderia ser. Nossa mente não conseguia compreender o que nossos olhos nos diziam.

– Mãe, não estou entendendo. O que é isso? – perguntou Tanner, voltando os olhos para o espelho.

Pensei da forma mais racional que pude antes de responder. Reagir dramaticamente não ajudaria em nada. Meu instinto materno entrou em ação e resolvi me acalmar. Quis parecer estável.

Já aprendera que as crianças sabem ler nossas reações com mais clareza do que pensamos, e exagerar não seria bom para ele – nem para mim. Mas tinha que ser sincera. Fingir que não estávamos diante de algo extraordinário seria hipocrisia.

– Não sei, Tanner. – Então arrisquei uma pergunta: – Acha que há alguma relação com Max? Hoje é o primeiro aniversário da morte dele.

Eu sabia que Tanner amava muito Max, então ele não se assustaria com a pergunta. Também sabia que não era a primeira vez que algo estranho acontecia desde a morte de Max, mas nada chegava nem perto de ser tão surpreendente quanto essa marca de mão.

– Talvez. Só que ele já se foi, mãe. Como poderia ter feito isso? – perguntou Tanner.

É claro que eu não sabia a resposta; só tinha a sensação de que precisava permanecer calma e atenta, que não podia me deixar dominar pela emoção.

– Acho que por enquanto não sabemos, Tanner. Por que não faz uma pausa e vai lá para fora bater bola na cesta de basquete?

– Tudo bem, mas me chame se precisar de alguma coisa – disse ele, parecendo muito adulto.

Dei-lhe um abraço e disse que dali a alguns minutinhos iria lá para fora ficar com ele. Então peguei a câmera e tirei várias fotografias. Eu podia não saber o que era aquela imagem, mas sabia que tinha que documentá-la. Deveria ter tomado outras providências, como pegar uma amostra daquele pó para mandar para análise ou pedir que alguém investigasse as impressões digitais. Mas estava tão atordoada que isso nem me passou pela cabeça.

O que me ocorreu foi perceber a coincidência. A marca apareceu na data exata da morte de Max, provocando imediatamente a pergunta: será que ele estava tentando entrar em contato comigo? Como a maioria das esposas, eu me lembrava muito bem de

como eram as mãos do meu marido. A marca larga da palma no espelho e dos dedos compridos e estreitos lembrava o formato das mãos de Max.

Eu não tinha explicações para o fenômeno, mas parecia óbvio que ele não estava de acordo com as crenças que haviam me ensinado na infância. Fui muito influenciada pelo meu pai. Ele era ministro presbiteriano e se dedicava profundamente a Deus e à fé. Mas, como muita gente, meu pensamento evoluiu à medida que fui crescendo. A fé não era mais algo tão central na minha vida cotidiana, então eu não tinha uma explicação adequada que combinasse a possível relação entre aquela marca de mão, o céu e a vida após a morte. O que eu sabia é que estava experimentando uma dimensão totalmente nova dos acontecimentos. Estava perplexa com aquele mistério.

Tive que me perguntar: será que se tratava de um fenômeno paranormal? Seria um fantasma? Como Max morrera em casa, será que uma parte dele havia ficado? Será que ele estava me visitando para contar que havia algo além da morte? Será que tinha encontrado um modo milagroso de entrar em contato comigo? Sempre fui uma pessoa aberta e queria me manter assim naquele momento. Mas também estava assustada. Lidar com o desconhecido era intimidante.

Do ponto de vista prático, eu não tinha tempo para me distrair nem me amedrontar. Em vez disso, compartimentei o fato notável, isolando-o. Deixei para pensar melhor no assunto quando pudesse me dedicar a ele. Afinal de contas, tinha um filho para criar e trabalho a fazer. Já era pressão demais ter que dar conta de tudo durante o luto. Minha vida fora dilacerada com a morte de Max e esquecer aquilo por um tempo era o máximo que eu podia fazer para cumprir meus papéis de mãe e executiva de um jornal. Eu me sentia realizada. Então era fundamental que fosse bem-sucedida. Não podia fracassar.

Minha criação também me influenciou na hora de deixar aquele fato de lado. Como ministro, meu pai tinha um papel de destaque na comunidade. Quando éramos crianças, meus irmãos e eu aprendemos que nosso comportamento individual representava toda a nossa família e, por extensão, a posição pública de papai. Tínhamos que nos comportar de acordo, sem sair da linha. Levei esse exemplo comigo para a idade adulta.

Nessa época, como editora-chefe e presidente do *The Sacramento Bee*, na capital do estado da Califórnia, eu mesma era uma figura pública. Nosso jornal era a principal publicação da McClatchy Company, uma rede de jornais que era influente não só na cidade como no estado e no país. Quando fui contratada, lembro que um executivo da McClatchy me perguntou: "Você se sente à vontade ao receber muita atenção do público?" Só depois de exercer o cargo durante algum tempo é que fui entender a sabedoria dessa pergunta. Minha vida estava naturalmente sob os holofotes e eu não estava disposta a estimular as críticas que teria que enfrentar se revelasse um fato tão estranho. Então o mantive em segredo.

Sem saber o que fazer com a marca de mão depois que a encontrei, simplesmente deixei-a no espelho até a quarta-feira, quando Helen Dennis, minha faxineira, veio fazer a limpeza. Helen gostava muito de Max e nos deu uma enorme ajuda durante seu tratamento de câncer. Nós dois confiávamos nela e a considerávamos parte da família. Ela manteve discrição sobre os detalhes da doença de Max e protegeu sua privacidade e sua dignidade quando ele estava doente. Antes de sair para trabalhar, levei-a até o banheiro para lhe mostrar a imagem. Estava curiosa para ver como ela reagiria. Enquanto fitávamos juntas o espelho, Helen ficou surpresa, mas calma. Nós duas cogitamos se seria um sinal de Max, já que a marca estava ligada ao aniversário de sua morte. Alguns minutos depois, disse que tinha que continuar com o meu dia e falei que ela podia limpar o espelho. Não via razões

para manter a marca mais tempo além dos três dias que já estivera ali. Mais tarde, Helen me contou que o produto de limpar vidros até conseguiu remover a imagem, mas ela teve que esfregar.

Então segui adiante com a minha vida. Mas, apesar de minha determinação de continuar vivendo, não conseguia deixar de pensar no curioso mistério que descobrira no espelho do banheiro. Era uma imagem poderosa que deixou uma marca indelével em minha mente.

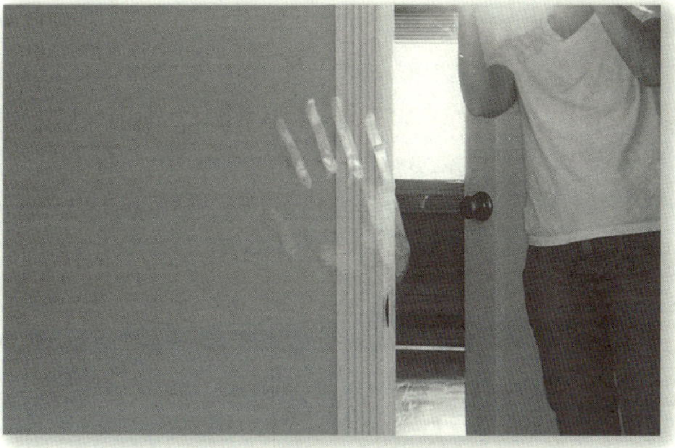

Uma marca de mão direita aparece no espelho do banheiro em minha casa em Sacramento, Califórnia, em 8 de maio de 2005.

capítulo 2

Assuntos de família

Meu pai teve um imenso impacto sobre mim quando eu era criança. Ele foi minha principal influência na vida. Homem extraordinário, construiu tudo o que tinha a partir do zero.

Sua mãe era Agnes Olson, nascida Agnes Anderson em 16 de abril de 1884 em Skåne, na Suécia. Um dia antes de completar 12 anos, ela zarpou sozinha de Gotemburgo, na Suécia, para os Estados Unidos, com uma passagem comprada pela mãe. Embora a história de nossa família não dê detalhes sobre a razão de Agnes ir para os Estados Unidos, acreditamos que ela tenha deixado sua terra natal atrás de melhores oportunidades, como aconteceu com muitos jovens suecos que emigraram para lá no século XIX. Mas Agnes era excepcionalmente jovem para viajar sozinha para tão longe, nas terríveis condições dos porões dos navios. Quando chegou, foi morar com uma tia distante no Brooklyn, em Nova York, onde trabalhou como faxineira para se sustentar e mandar dinheiro para a família.

Quando tinha 16 anos, voltou à Suécia. Depois viajou sozinha para os Estados Unidos uma segunda vez com 18 anos. Dez anos depois, retornou à Suécia e logo se casou com Axel Wilhelm Olson, em janeiro de 1912.

Soldado da cavalaria sueca, Axel recebeu uma propriedade rural nos Estados Unidos como pagamento por seus serviços. O casal resolveu começar sua nova vida em Ong, Nebraska, onde outros suecos moravam. Com pouco dinheiro e sem recursos, eles compraram passagens de terceira classe num navio que zarparia da Inglaterra. Mas a viagem da Suécia até o porto de Southampton, na Inglaterra, era difícil, boa parte feita a cavalo. Acabaram chegando atrasados e perderam o navio – o *Titanic.*

Quando vovô Axel e vovó Agnes finalmente chegaram a Clay County, Nebraska, as pradarias ainda tinham bisões, lobos, antílopes e búfalos. John Frémont, conhecido como "Pathfinder", (o "pioneiro"), explorara a área em busca de uma rota mais curta para o Oeste, e os primeiros colonos chegaram em 1857. Então vovô e vovó criaram sua família naquele terreno rude. A vida era dura. Em meados da década de 1930, entre a Grande Depressão e a grande seca do Dust Bowl, somente os mais resistentes permaneceram. Mas vovô conseguiu ganhar a vida como carpinteiro e vovó criou seis filhos.

Eles davam grande importância à fé em Deus e insistiam que a educação era o segredo de sua vida nova nos Estados Unidos, onde tudo era possível. Todos os seus filhos terminaram a faculdade. Sem dúvida, o foco da família na fé e no estudo influenciou meu pai a acreditar que tinha vocação para ministro, como ele dizia. Depois de se casar com minha mãe e se formar na faculdade, ele concluiu o mestrado no Union Theological Seminary, de Nova York, em 1946.

Ele costumava falar sobre a época do seminário, onde se sentia privilegiado por estudar com grandes teólogos da década de 1950. Reinhold Niebuhr e Paul Tillich foram seus professores, e Henry Sloane Coffin era o presidente emérito. Papai se orgulhava de sua formação e nunca perdeu o amor à teologia nem a profunda devoção a Deus.

O que aprendi sobre o céu foi com meu pai e nossa igreja. A fé presbiteriana diz que, quando morremos, a alma vai ficar com Deus. Além da escola dominical, dos sermões e das leituras, muitas conversas com meu pai ajudaram a formar minhas primeiras concepções do céu e da vida após a morte.

Uma conversa específica se destaca na memória. Deve ter sido por volta de 1960, quando eu tinha uns 9 ou 10 anos. Papai e eu estávamos andando pelo centro de Hamilton, em Ohio, onde morávamos. Era uma comunidade de 75 mil habitantes perto de Cincinnati, no sul do estado. Caminhávamos por uma estreita rua secundária, ao lado da Front Street Presbyterian Church, onde ele exercia o ministério. Provavelmente íamos para alguma aula ou um ensaio do coral. Lembro muito bem de tocar sua mão e lhe pedir que parasse e se abaixasse para falar comigo. Queria lhe fazer uma pergunta. A questão não era se o céu existia, mas onde ele ficava. Ele recitou João, 14:1-2: "Não se perturbe o coração de vocês. Creiam em Deus; creiam também em mim. Na casa de meu Pai há muitos aposentos; se não fosse assim, eu teria dito a vocês. Vou preparar lugar para vocês"

Então ele parou e falou comigo, olho no olho. Ele me deu o exemplo de nossa família e o amor que tínhamos em nosso lar aqui na Terra. Disse que no céu era a mesma coisa: assim como ele e minha mãe jamais me abandonariam nem deixariam de me amar, Deus me amaria e protegeria. Deus também tem um lar e um lugar seguro para todos nós ficarmos um dia. Ele terminou nossa pequena conversa dizendo que Deus é infinito, que vive conosco e dentro de nós, não só aqui, mas também no céu, quando morrermos.

Quando reflito sobre isso agora percebo quanto meu pai trabalhou no auge da juventude. Era incansável e dedicado, seus dias tomados de visitas a hospitais, sermões, casamentos e funerais. Mas sua fé e a devoção a Deus eram mais importantes. Muitas vezes eu o ouvia rezando baixinho a sós, tarde da noite, e escutava com atenção o sussurro calmante de suas palavras, sem entender tudo, mas experimentando uma atmosfera de reverência que ressoa dentro de mim até hoje.

Meu pai também me ensinou algo que ficou comigo a vida inteira: não há como abrir mão da verdade. Aos meus olhos, ele era a definição viva de um caráter forte, e costumava dizer: "Caráter é destino." Claramente ele havia herdado a independência de sua mãe sueca, e me estimulava a questionar para formar minhas próprias opiniões. "Você tem que fazer o que é certo, por mais difícil que seja", dizia ele.

Quando paro para pensar nisso, me dou conta de que minha infância e minha adolescência foram um período em que eu colocava a autoridade em primeiro lugar. E, como muita gente no Meio-Oeste na década de 1950, fazia isso de boa vontade. No meu caso, ele era uma dupla figura de autoridade: meu pai e meu ministro.

Nos anos que se seguiram, aprendi aos poucos que ter fé é bem mais complicado do que apenas "acreditar". Devo isso a meu pai também. Como muita gente, eu queria me aprofundar nos assuntos e fazer mais perguntas. Na segunda fase da vida, digamos, dos 21 aos 50, passei a buscar uma experiência mais significativa, e isso incluía minha vida espiritual. Embora fosse grata aos valores religiosos que recebera em casa e na igreja, ainda me via à procura de algo. Era questionadora e curiosa, e buscava tanto um arcabouço intelectual e filosófico quanto o estímulo religioso.

Mais uma vez, papai foi de grande ajuda. Quando eu tinha 44 anos, ele me recomendou uma lista de livros. Embora muitos fossem abstratos, eles me lançaram em minha expedição espiritual por outros domínios. Esses livros iam além de minha criação cristã clássica e me desafiaram a pensar de forma mais ampla:

Em busca de sentido, de Viktor E. Frankl
O medo à liberdade e *Psicanálise da sociedade contemporânea*, de Erich Fromm
Eros e Tânatos: o homem contra si próprio, de Karl A. Menninger
O homem, esse desconhecido, de Alexis Carrel

O homem à procura de si mesmo e *Eros e repressão, amor e vontade*, de Rollo May
On Being a Real Person, de Harry Emerson Fosdick
Reverence for Life, de Albert Schweitzer
Espírito e realidade, de Nicolas Berdiaev
The Higher Happiness, de Ralph W. Sockman
A coragem de ser, de Paul Tillich
The Nature and Destiny of Man, de Reinhold Niebuhr

Mergulhei no material e li o máximo que pude. Parte da leitura estava além da minha compreensão. Mas quanto mais lia, mais começava a me abrir para a ideia de que havia, sim, algo mais. Isso não diminuiu minha fé em Deus; pelo contrário, a aumentou. Dei sorte, porque não tinha medo de me aventurar fora da minha zona de conforto e satisfazer minha curiosidade. Foi papai quem disse: "É melhor você questionar sua fé do que seguir às cegas."

Apesar de meu pai ter um papel tão influente em meu desenvolvimento e na minha evolução religiosa e espiritual, com a minha mãe foi outra história. Nunca nos entendemos bem e nosso relacionamento costumava ser tenso. Era um clássico choque de personalidades. Talvez não seja tão raro mães e filhas terem um relacionamento difícil. Conheço muitas mulheres que tiveram conflitos semelhantes com a mãe. O interessante é que, em geral, acabo me dando bem com elas.

Começou quando eu era pequena. Minha mãe me irritava, e imagino que eu a irritasse também. Não sei por quê. Muitas vezes pensei que talvez ela não gostasse de mim porque eu era menina, e não menino. Ela praticamente idolatrava meus irmãos. Ou talvez fosse competição e ciúme em relação a papai. Qualquer que fosse a razão, do meu ponto de vista ela era apenas desagradável comigo. Não estou dizendo que eu não merecesse parte desse tratamento. Poderia ter sido mais madura em nossa relação, mas por alguma razão eu recorria com frequência a um comportamento infantil. Com o tempo, isso se tornou um padrão que persistiu a vida inteira. Não tinha nada a ver com amor. Eu a amava, e sei que ela me amava. Talvez fosse algo como uma luta pelo poder.

Eu poderia escrever um livro inteiro com histórias sobre minha mãe. Em certo Dia de Ação de Graças, quando eu estava com 30 e poucos anos, meus pais vieram me visitar. Havia pelo menos uma década, eu trabalhava no departamento de negócios de publicidade do *Los Angeles Times*. Depois do jantar, mamãe e eu fomos lavar a louça e ela disse:

– Sabe, politicamente seus irmãos se tornaram muito mais conservadores do que eu e seu pai lhes ensinamos. Ficamos decepcionados por não terem mantido nosso ponto de vista liberal. Acho que é porque estão no mundo dos negócios.

Respondi:

– Ora, eu estou no mundo dos negócios e isso não aconteceu comigo.

– Não, você não está no mundo dos negócios. Você está no ramo da publicidade – retorquiu ela.

Fiquei sem palavras.

Anos depois, quando saí do *Los Angeles Times* e fui para o *Sacramento Bee*, falei com mamãe e papai sobre meu novo emprego durante um jantar. Administrar um jornal não era uma responsabilidade insignificante.

A resposta de mamãe:

– Não acha que vai precisar de algum treinamento?

Treinamento? Acho que 23 anos são um bom treinamento, não é?, pensei.

Mas apenas sorri e disse:

– Passe a ervilha, por favor.

Mamãe era mestra em fazer os outros se sentirem culpados. Um dos incidentes mais dolorosos envolveu o vovô Thorndike, pai dela.

Harry Thorndike era o clássico avô, e todos o amávamos. Era engraçado, inteligente e engenhoso... E idolatrava Ada, nossa avó. Acho que nunca vi um amor como aquele. Ele era dono de um armazém em Cambridge, Nebraska, onde minha mãe foi criada. O vovô Thorndike morreu quando eu tinha uns 30 anos. Algum tempo depois, mamãe e papai vieram me visitar. Tínhamos acabado de nos sentar à mesa para jantar quando mamãe se virou para mim e disse:

– Sabe o que achei na gaveta da escrivaninha do vovô, na casa dele?

– Não – respondi.

– Pois achei uma carta sua em que você dizia que lhe mandaria algo até certa data. Ele anotou: "Janis mandará logo." E adivinha só? Você não mandou a tempo e ele morreu.

Fiquei arrasada. Como um balão esvaziando depressa, me senti desabar. Por que ela escolheu me contar isso, se sabia quanto eu o amava e quanto isso seria doloroso? O pior era que eu não tinha como mudar aquilo. Ou assim pensei naquele momento.

– Passe a batata, por favor – disse eu.

Naquela noite, sonhei com uma escada comprida e estreita que levava ao terceiro andar de uma casa. Olhei para cima e vi uma luz forte no alto da escada. Segui a luz e, segurando o corrimão, subi lentamente cada degrau até chegar ao topo. Virei-me para a esquerda e vi um pequeno corredor com várias portas brancas. Andei por ele e parei na primeira porta.

Preso na porta com uma tachinha estava um cartão simples. Nele, um bilhete. Dizia: "Querida Janis, você não precisa se preocupar com a carta. Sei que você me ama, e amo você. Vovô."

Nasci em Kalamazoo, Michigan, em 1951, a terceira de quatro filhos. Meus irmãos Kurt e Brian eram mais velhos; minha irmã, Signe, a caçula. Tivemos uma criação típica, só que, na década de 1950, morávamos numa casa paroquial, ou seja, a casa do ministro, ao lado da igreja. A rotina imperava, e meus pais nos ensinavam o valor do trabalho árduo e da produtividade. Papai se ocupava com seu ministério e mamãe cuidava de nossa vida cotidiana. Os domingos começavam às nove da manhã, na escola dominical, depois eu cantava no coro da igreja, no culto das onze horas. (Ainda bem que ninguém mais me pede para cantar. Definitivamente, não é um dos meus pontos fortes.) Depois de jantar cedo em casa, voltávamos à igreja por volta das 18:30h para as aulas do grupo jovem.

Durante a semana, jantávamos espaguete no saguão da igreja. No verão, nos juntávamos a outros alunos nos estudos bíblicos e no acampamento de férias. A frequência a esses eventos era obrigatória em nossa casa, e eu me orgulhava bastante de meu broche de "Comparecimento perfeito à escola dominical". Eu gostava da estrutura, da estabilidade que essas atividades me davam e, talvez mais ainda, da oportunidade de me socializar. Tive a sorte de ter essa grande experiência na infância. Aprendi o valor da comunidade e da rotina para criar uma boa base religiosa.

À noite, durante a semana, nossa família tinha animadas conversas à mesa do jantar, das quais todas as crianças participavam. Eram refeições barulhentas, porque todos nós brigávamos para ser ouvidos. Assinávamos o jornal matinal e o vespertino (ah, os velhos tempos), e mamãe e papai costumavam nos interrogar para saber se tínhamos entendido o que havíamos lido.

Depois do jantar, nada de televisão. Nunca. É sério. Tínhamos que estudar, e eu estudava – mais ou menos. Mas, sempre que possível, eu dava telefonemas furtivos às minhas amigas com meu telefone bege de princesa com fio comprido, cochichando coisas bobas de menina. Aquilo parecia muito mais importante do que estudar. Eu estudava o suficiente para agradar meus pais, mas ninguém jamais diria que eu era a "primeira da classe".

A Igreja Presbiteriana transferiu meu pai para várias comunidades ao longo de sua carreira. Mudamos de Kalamazoo para Maumee, em Ohio, perto de Toledo, depois para Hamilton. O tempo era marcado pelas estações do ano, e ainda fico maravilhada com as mudanças trazidas por cada uma delas. A minha estação favorita era o outono, quando catávamos folhas e fazíamos fogueiras durante os jogos de futebol americano. Não havia muito divertimento organizado nem ida às compras quando eu era criança. Inventávamos nosso entretenimento. No inverno, íamos patinar no riacho congelado atrás de casa.

Todo verão, nossa família alugava um reboque, enfiava dentro dele todo o equipamento possível para acampamento e passava um mês viajando numa velha perua Ford com laterais de madeira. Lembro-me de nós quatro enfiados no banco traseiro com o cachorro atrás, quase incapazes de respirar porque fazia muito calor (ar-condicionado em carros ainda era algo raro na época). Ficávamos em parques estaduais, e eu adorava o cheiro da fogueira quando nos reuníamos em torno dela, sentados em cadeiras de lona, e contávamos histórias. Depois rastejávamos para dentro da barraca, que demorava muito para ser montada. Dormíamos como sardinhas sobre colchões de ar. Pela manhã, passávamos três dolorosas horas desmontando o acampamento e enfiando tudo de volta no reboque minúsculo.

Durante o ensino médio, continuei com os maus hábitos de estudo e me tornei muito habilidosa em parecer que estudava quando, na verdade, me concentrava em planos com as minhas amigas. Amontoadas nos bancos da frente e de trás (nem pensar em cinto de segurança naquele tempo) e com o rádio berrando algo como "Respect", de Aretha Franklin, passávamos por vários drive-ins depois dos jogos. Eu me candidatei a animadora de torcida durante seis anos seguidos e, milagrosamente, fui aprovada todas as vezes. Isso não se deveu a nenhum talento. Na verdade, tinha a ver com a capacidade de berrar bem alto e pular muito. Não era algo necessariamente fácil, porque estragava meu penteado bolo de noiva, eriçado e cheio de laquê, que eu me esforçava para proteger. No segundo ano, a prova de admissão consistia em fazer a animação na quadra de basquete diante de quem aparecesse para encher a arquibancada. O "público" batia palmas para cada animadora e quem recebesse mais palmas vencia o concurso. Felizmente, meu irmão Brian levou ao evento todos os seus amigos motoqueiros. Adivinhe quem ganhou?

Em meu último ano, fui eleita para a comissão de boas-vindas, o que me deixou emocionadíssima. Literalmente, eu me impelira até lá com uma campanha incansável. E, na formatura, não ganhei o título de "aluna mais inteligente" nem daquela que teria "maior probabilidade de sucesso", mas o de "mais ingênua". Em resumo: eu era dominada pela superficialidade e ainda não tinha acordado para a vida. Qualquer coisa que pudesse ter consequências profundas ficava além da minha compreensão.

Minha vida superficial mudou quando fui para a Universidade do Estado de Ohio, em Columbus. O ano era 1969. Meus pais não tinham dinheiro para pagar anuidade, alojamento e alimentação. Assim, para ajudar, eu trabalhava quando não estava tendo aulas. Fui garçonete, ensinei natação e vendi roupas femininas numa butique. Felizmente, o governo Nixon criou um programa especial de empréstimos para alunos que entrassem na área de ensino, o que me salvou. Matriculei-me na faculdade de Educação e decidi que, algum dia, daria aulas para o ensino médio. Paguei a faculdade com os recursos do empréstimo. Depois levei dez anos para pagar o empréstimo em prestações mensais de 77,50 dólares. Eu tinha um carnezinho, e ainda me lembro do som que o papel fazia quando eu destacava cada boleto para mandá-lo pelo correio junto com o cheque do pagamento.

A faculdade me transformou de uma maneira que só fui compreender completamente muito mais tarde. A Universidade do Estado de Ohio era o lar de Woody Hayes, o famoso treinador de futebol americano. Mas os dias felizes dos jogos e da animação de torcidas contra a rival Michigan murcharam no final de meu primeiro ano, com a tragédia ocorrida a 2 horas e meia dali, na Universidade Estadual de Kent. Em 4 de maio de 1970, soldados da Guarda Nacional de Ohio mataram quatro estudantes a tiros e feriram outros nove numa manifestação estudantil contra a guerra do Vietnã e o bombardeio americano ao Camboja.

Nessa época conturbada, não havia manifestações apenas em Kent. Os estudantes da Universidade Estadual de Ohio se uniram aos de Harvard, Colúmbia, Berkeley e do país inteiro em manifestações contra o envolvimento americano na guerra do Vietnã. O governador James A. Rhodes ordenou que a Guarda Nacional ocupasse o campus da Estadual de Ohio na tentativa de controlar os protestos estudantis. Houve caos, confusão e muito gás lacrimogêneo, helicópteros sobrevoando. Ver soldados no campus foi assustador. Apavoradas, minhas colegas de quarto e eu nos abrigamos no dormitório e enfiamos toalhas brancas debaixo da porta porque o gás lacrimogêneo estava fazendo nossos olhos arderem.

Eu nunca mais seria a pessoa ingênua que entrou naquele campus oito meses antes. Minha visão simplista da vida ficou abalada. A Universidade Estadual de Ohio cancelou as aulas pouco depois da morte dos alunos em Kent e fui para casa, em Hamilton, com amigos, confusa e perturbada. Como muitos outros estudantes na época, eu estava de luto não só pelas perdas na guerra, mas também pelos alunos mortos no campus da universidade.

Passei o verão entre o primeiro e o segundo ano ansiosa de verdade pela primeira vez. Ver as tensões estudantis explodirem em violência me obrigou a rever minha posição em relação à guerra, à autoridade em geral, ao que importava na vida. Pude sentir essa mudança à medida que ia evoluindo e amadurecendo. Embora tivesse a base sólida de minha criação, não tinha certeza de estar preparada para o mundo. Eu me sentia num espaço de transição, sem saber que direção seguir. No outono, decidi escolher um caminho mais seguro e pedi transferência para a Universidade de Miami, em Oxford, também em Ohio, um ambiente menor e muito mais conservador. Como muitos estudantes universitários da época e de hoje, eu estava numa batalha comigo mesma para saber quem era e quem queria ser.

Depois de me formar na Universidade de Miami em 1973, comecei a dar aulas de inglês nas turmas do primeiro ano do ensino médio em Seven Mile, um povoado com 751 habitantes a apenas 11 km da minha cidade, Hamilton. Eu me agarrava à minha zona de conforto. Mas percebi que, se quisesse ser alguém na vida, teria que levar os estudos a sério. Em 1976, terminei o mestrado em Educação na Universidade de Miami. Finalmente aprendi que estudar vale a pena.

Eu vinha adiando o momento em que teria que enfrentar aquela sensação insidiosa de confinamento e restrição na vida. Algo que tinha surgido dentro de mim na faculdade vinha crescendo e eu não conseguia mais ignorar. Afinal, disse a mim mesma: *Chega desta vida de cidade pequena. Chega do comum e previsível. É hora de seguir em frente.* Por mais que adorasse o emprego de professora e os amigos, queria ter uma visão de mundo mais ampla do que uma cidade minúscula em Ohio poderia oferecer. Talvez o DNA de minha avó fosse mais forte do que eu pensava.

Em certo fim de tarde, eu estava no estacionamento da Edgewood Junior High School, ao lado de meu elegante Mustang, pronta para ir embora, quando uma colega professora veio falar comigo. Ela passara a vida inteira naquela cidadezinha e, depois da faculdade, voltara para dar aulas. Contou que tinha acabado de comprar uma casa em Seven Mile e que, para isso, conseguira um empréstimo a ser pago em 30 anos. Disse que mal podia esperar para passar o resto da vida bem ali, na área rural do sul de Ohio. Então ela entrou em seu Fusca e lentamente foi embora. *Oh, não, aquela poderia ser eu*, pensei ao observar as lanternas traseiras sumirem na estrada de terra. Eu sabia que estava na hora de partir.

Robin Gaylord era minha melhor amiga; nos conhecemos quando tínhamos 7 anos. Nossos pais eram amigos, e o Dr. Paul Gaylord, pai dela, era nosso dentista. Robin e eu decidimos pegar a estrada juntas. Escolhemos nosso destino e nos despedimos da família e dos amigos. Imaginamos que a Califórnia seria o mais longe possível e que sempre poderíamos voltar. Compramos minúsculas barracas de camping e walkie-talkies que pareciam tijolos (não existiam celulares naquela época). De estado em estado, seguimos nosso mapa da KOA (Kampgrounds of America, associação de campings dos Estados Unidos), com Robin dirigindo seu Camaro amarelo e eu atrás em meu Mustang azul, a bicicleta presa na traseira. Além das roupas, dos livros e da bicicleta, eu vendera tudo; não que tivesse muito para vender.

Em 1976, depois de chegar a Los Angeles, logo me concentrei em arranjar um emprego. Adorava jornais e decidi me candidatar a uma vaga no *Los Angeles Times*, no centro de Los Angeles. Por ser formada em Inglês, achei que começaria no departamento de notícias. Pura ingenuidade: não deu certo e fui para o lado dos negócios. Candidatei-me várias vezes às vagas no departamento de publicidade, mas todos ficavam me perguntando se eu tinha alguma experiência além de minha atuação como professora, e é claro que eu não tinha. Então eu respondia que, se eles me aceitassem, eu poderia conseguir alguma experiência. Apesar da estratégia ruim, insisti, mesmo que por teimosia.

Finalmente, na última entrevista, decidi mostrar o boletim com meu melhor trimestre durante a graduação, que eu levara guardadinho na bolsa. Coloquei-o diante do entrevistador, sobre a imensa mesa de nogueira, para que ele visse com clareza meu desempenho de apenas notas máximas, algo que até eu ficara surpresa de conseguir.

– Estava pensando comigo mesma, isto aqui vale alguma coisa? – perguntei.

Algo nesse ato impetuoso chamou a atenção dele, que girou o corpanzil em sua confortável cadeira de couro para fixar em mim os olhos. Achei que tivesse estragado tudo. Mas estava enganada.

Ele se inclinou para a frente e perguntou:

– Onde você cresceu? Fale-me sobre os seus pais.

Eu não podia acreditar. O tom da entrevista mudara. Vi que ele realmente se importava. Seu nome era Don Maldonado. Homem gregário que claramente estava no comando, era o poderoso diretor do departamento de publicidade do *Los Angeles Times*.

Contei-lhe minha história. Quando mencionei que meu pai crescera em Ong, Nebraska, ele me interrompeu de repente:

– Você não pode estar falando sério. Conheço essa cidade. Como seu pai se chama?

Eu lhe disse que meu pai era Elvin Olson.

– Não se mexa – disse ele. – Preciso dar um telefonema.

Ele pegou o fone do aparelho preto de mesa com teclinhas (estávamos em 1976) e ligou. Eis o que o ouvi dizer:

– Você tem de vir aqui agora. Confie em mim.

E desligou. Dali a uns cinco minutos, entrou um homem bonito, glamouroso, muito bronzeado e vestido com elegância. Ele se portava com desembaraço.

– Janis, esse é Vance Stickell – disse Don.

Vance era o vice-presidente executivo de marketing, o cargo mais alto abaixo do editor-chefe, Otis Chandler. Vance me deu um caloroso aperto de mão e sentou-se conosco.

– Janis veio fazer uma entrevista para um cargo júnior aqui no departamento de publicidade. Adivinhe quem é o pai dela e de onde ele é, Vance! – disse Don.

– Não faço ideia – respondeu Vance com educação.

– Diga a ele, Janis – mandou Don.

– Meu pai é Elvin Olson. Ele é de Ong, Nebraska.

– Você é filha do Elvin? – perguntou Vance com cara de espanto. – Isso quer dizer que sua avó é Agnes Olson. Minha mãe era amiga da sua avó em Ong. Conheço toda a família!

Ele se virou para mim e fez perguntas sobre minha família e como eu chegara ao *Los Angeles Times*. Conversamos um pouco enquanto Don, recostado, observava. Vance foi muito agradável. Finalmente ele se virou devagar na cadeira para falar com Don.

– Vamos contratá-la – disse.

Então se levantou, me deu um abraço caloroso e saiu da sala depois de mudar minha vida para sempre.

Qual a probabilidade de que duas pessoas, num escritório de Los Angeles, na época o lar de mais de 7 milhões de pessoas, tivessem ancestrais comuns num povoado rural de 150 habitantes? (No recenseamento de 2010, eram 63.)

Mesmo assim, aconteceu. Esse encontro inusitado deu início à minha carreira nos jornais. Se ele não estivesse lá, duvido muito que tivessem me dado o emprego. E aí? Onde eu estaria hoje? Como minha vida inteira se desenrolaria? Não sei, mas acredito que não foi puramente fortuito. Acho que foi minha primeira experiência com a sincronicidade. Só que eu não estava prestando atenção, porque não tinha a mínima ideia do que era isso. Levaria três décadas para começar a entender.

Fiquei lá três anos, e no último fui "vendedor" do ano (acho que nunca tinham feito uma placa dessas para uma mulher). Então fui contratada pela ABC Publications para trabalhar no departamento de publicidade da *Los Angeles Magazine*, uma revista local com sede no bairro de Century City. Depois de passar vários anos lá, trabalhei na revista *Omni*, de circulação nacional, durante mais algum tempo. Acabei voltando ao *Los Angeles Times* com a meta de usar tudo o que aprendera para alcançar um cargo de gerência. Levei 11 anos, mas fui subindo na hierarquia até chegar a vice-presidente sênior do departamento de publicidade. Era responsável por uma receita anual de 800 milhões de dólares (quantia espantosa em comparação com as dificuldades pelas quais o setor passa atualmente) e tinha cerca de 800 funcionários subordinados a mim. Tínhamos filiais em Los Angeles, São Francisco, Chicago e Nova York, e eu passava boa parte do tempo na estrada. Dizer que eu era motivada é pouco. Eu era obcecada. Adorava o trabalho, as pessoas e a cultura do setor jornalístico. Sentia que havia encontrado meu propósito na carreira, que trabalhava num mercado que era importante.

No final de 1997, a McClatchy Company me sondou para que eu administrasse seu principal jornal em Sacramento. Fundado havia mais de 40 anos, o *Sacramento Bee* nunca tivera um editor-chefe e dividia as principais tarefas executivas entre um editor e um presidente, que se reportavam à sede do grupo. A conselho de um escritório de consultoria, a McClatchy fez uma busca em todo o país atrás de um único executivo que supervisionasse o jornal como um todo, incluindo o departamento de notícias e todas as funções comerciais. Fui a candidata escolhida. Aos 46 anos, aceitei a empolgante oportunidade de conduzir o sucesso financeiro de uma empresa complexa com 2 mil funcionários, além de apoiar o estilo de jornalismo incisivo da publicação. E conseguimos. O *Bee* ganhou cinco prêmios Pulitzer desde 1857, e dois deles durante os 10 anos que estive lá. Embora eu me orgulhe do desempenho de nosso jornal, o crédito vai para os jornalistas que ganharam esses prêmios e para o legado da família McClatchy, cuja preocupação central é a precisão e a qualidade jornalísticas. Esses foram os anos mais gratificantes da minha carreira. Sinto-me incrivelmente afortunada por ter recebido essa responsabilidade e me regozijo com as lembranças daquela década preciosa, por mais difícil que o setor jornalístico tenha se tornado nos anos que se seguiram.

Minha carreira me ofereceu a sensação de dever cumprido, mas ficava em segundo lugar, logo atrás do papel de mãe. Afinal de contas, trabalho é aquilo que *fazemos*. Ser mãe ou pai de alguém é quem somos. Tanner nasceu em 1990, de meu casamento com Bob. Anos antes, quando uma grave crise de apendicite me deixou na UTI do hospital durante cinco dias, haviam me informado que eu nunca poderia engravidar. Bob e eu ficamos extasiados quando, aos 38 anos, descobri que havia um bebê a caminho. O obstetra se referia a Tanner como seu "bebê milagroso".

Não tenho dúvidas de que Tanner será feliz e próspero durante a vida inteira, porque é motivado. Ele tem uma urgência e um senso de propósito que já lhe trouxeram benefícios tanto na época da escola quanto na carreira. Sempre foi muito competitivo, principalmente como atleta. No ensino médio, jogou futebol americano, basquete e rúgbi, um esporte violento. Só joga rúgbi quem é destemido e muito durão. Ao contrário do futebol americano, os jogadores não usam equipamento de proteção. O uniforme é apenas um calção e uma camiseta. Enquanto correm pelo campo, chocando-se e caindo amontoados, soltam grunhidos que me lembram os lutadores do filme *Gladiador*. (Fiquei rezando de olhos fechados durante 90% dos jogos.) Tanner começou a jogar rúgbi aos 14 anos e sua paixão pelo esporte continuou na UCLA – Universidade da Califórnia em Los Angeles –, onde jogou no time os quatro anos em que estudou lá.

Esse impulso competitivo provavelmente vem da avó, mas espero ter contribuído com algum tipo de influência positiva. Fiz com ele o que a maioria de nós tenta fazer com os filhos: dar bons exemplos e oferecer conselhos para ajudá-los a se tornarem adultos plenos e realizados. Tendo orgulho do homem que ele se tornou.

capítulo 3

Max

Conheci Max Besler no outono de 1999, um ano e meio depois de me mudar para Sacramento. Estava divorciada e tentava administrar o novo emprego e assegurar que Tanner, com 9 anos, se adaptasse ao novo ambiente e à nova escola. Ouvi falar dele pela primeira vez durante um almoço com uma amiga. Ela disse: "Ele é erudito, um verdadeiro homem da Renascença. É muito inteligente."

Nascido em 1948, Max começou a vida em Nova York. Dois anos depois, sua família se mudou para o Oeste: Orange County, na Califórnia. O pai de Max (que também se chamava Max) foi ajudante do general Omar Bradley durante a Segunda Guerra Mundial e, na Califórnia, editava o *Anaheim Gazette*. Max era filho único de uma família muito unida. Costumava escutar música junto com os pais e passou muitas horas lendo ao lado deles.

Ele frequentou a Universidade Estadual da Califórnia em Fullerton, onde também fez a pós-graduação. Depois de formado, passou quatro anos na Força Aérea e, em seguida, foi trabalhar com um deputado da Califórnia – e aí nasceu seu amor pela política. Em 1988, mudou-se para Sacramento e trabalhou num escritório de assessoria política.

Max adorava música clássica. Esse talento estava em seu DNA – sua mãe era cantora lírica e pianista de concertos. Ele aprendeu a tocar trompete e piano ainda criança, mas não quis ser músico.

Começou a colecionar CDs só de música clássica. Ele amava a precisão e a elegância do gênero. Era um cara que valorizava a precisão. Demonstrou isso compondo uma sinfonia, façanha que poucos conseguem. Seu gosto era variado, mas amava Gustav Mahler e os compositores russos. Não bastava ter uma gravação de certa peça. Possuía várias da mesma peça tocada por diversas orquestras com maestros diferentes e conseguia distinguir as sutilezas entre elas. Conhecia cada um de seus 1.800 CDs. Depois de sua morte, doei a coleção à Biblioteca Comunitária de Ketchum, em Idaho, antiga cidade de mineiros perto de Sun Valley, onde moro. É uma cidade pequena, mas a biblioteca é muito usada e recebe bastante apoio. Felizmente a Coleção Max Besler de Música Clássica está crescendo e exerce um importante papel na comunidade. Todo ano, gravações de peças tocadas pela Sun Valley Summer Symphony, orquestra nacionalmente aclamada, são acrescentadas ao acervo. "Se a vida de Max Besler fosse a partitura de uma sinfonia, a música seria elegante, graciosa, alternadamente brincalhona e profunda, e acabaria depressa demais", dizia a matéria do *Sacramento Bee* sobre a morte de Max.

As outras grandes paixões de Max eram os livros e os vinhos. Ele lia obras muito variadas, sem parar, e seu principal objetivo era aprender. Se estivesse sentado, estava lendo. Posso contar nos dedos as pessoas que conheci que leem um livro por semana. E sua coleção de vinhos, assim como a de livros, era ampla e variada. Embora gostasse dos borgonhas franceses e dos pinot noir da Califórnia, ele conhecia muitos vinhos. Além disso, era um profissional talentoso. Na descrição de Jeff Raimundo, seu sócio nos negócios e melhor amigo, "Max era um assessor político de primeira linha; sabia ler pesquisas com a mesma arte com que lia partituras".

Quanto mais ouvia falar de Max, mais torcia para nossos caminhos se cruzarem, embora soubesse que ele andava saindo com uma mulher ligada ao Crocker Art Museum. David Berkley, um amigo nosso, proprietário de uma loja de vinhos e alimentos finos, descrevia Max assim: "Quando se entra na cabeça dele, é impossível andar em linha reta. Ele tem um monte de cômodos lá dentro." Acontece que um dos membros da diretoria do jornal também conhecia Max e me contou que sua empresa, a Townsend Raimundo Besler & Usher, era muito respeitada por seu trabalho de assessoria. Na maior cara de pau, comecei a insinuar para vários amigos que gostaria de conhecê-lo. Nenhum resultado. *Ele deve estar levando a sério essa namorada do Crocker Art Museum*, pensei.

Ouvira dizer que o escritório de Max promovia reuniões periódicas, chamadas "jantar no salão", na casa do sócio mais antigo, onde os convidados discutiam política e problemas locais. Era um jeito inteligente de vender os serviços da empresa. Certo dia, minha secretária, Gloria Mejia, me disse: "Ah, aliás, um cara chamado Max Besler ligou e convidou você para um jantar numa residência particular. Quer que eu ligue e lhe dê alguma desculpa?" O raciocínio dela estava correto. Devido a meu cargo no jornal, não pegava bem comparecer a um jantar desse tipo. No entanto, não teria problema em almoçar sozinha com ele. Disse a Gloria que eu mesma faria aquele telefonema – e fiz. Foi nesse almoço que tudo começou.

Nós nos encontramos no Biba Restaurant, um autêntico restaurante italiano que ficava perto do meu escritório e do dele. Chegamos com nossa armadura profissional, mas, quando veio a sobremesa, eu já sabia que aquela seria mais do que uma relação de negócios. Estava encantada. Max era mesmo erudito e interessante. Queria conhecê-lo melhor, e era óbvio que ele estava flertando – e eu também, é claro. Começamos a sair e percebi quanto ele era gentil, generoso, paciente e ponderado. Costumava ser analítico e introspectivo. Era muito inteligente e – o melhor de tudo – hilário. Adorava ficar perto dele, e podíamos andar e conversar durante horas. Ele era movido por uma curiosidade insaciável e muita paixão pela vida. Acho que por isso era um leitor tão voraz e adorava colecionar vinhos, obras de arte e música clássica. Sua capacidade de absorver e guardar informações era espantosa. Eu nunca me canso dele nem de sua mente. Nosso relacionamento era mágico, e nunca estive tão feliz. Com o tempo, ele se tornou meu amante, meu professor e meu melhor amigo.

Três meses e muitos encontros depois, convidou-me para ir ao Auberge du Soleil, em Napa, onde reservara uma suíte com lareira e uma massagista para mim. Max sabia como tratar uma mulher. Ali ele disse que me amava. *Já era hora*, pensei. Eu me apaixonara por ele fazia tempo. Cinco meses depois nos casamos, em 20 de maio de 2000. Eu estava radiante. Além de me amar, Max também amava meu filho: éramos uma família.

Tanner se lembra de Max como um homem tranquilo e brilhante. "Não havia nada que a gente perguntasse e que ele não soubesse pelo menos um pouco." E credita ao padrasto muitos interesses e tendências de sua vida como um jovem adulto. Ele observou que Max entrou em sua vida numa época importante para um menino, e diz que perdê-lo – e ver como fiquei arrasada – foi a coisa mais difícil por que já passou. Mas as lembranças de Max sempre trazem um sorriso ao rosto de Tanner. Ele usou a mesma palavra que usei para descrevê-lo: hilário. "Ele vivia fazendo os outros darem risada."

Max era um cozinheiro de mão cheia – sorte nossa que era ele quem mais cozinhava em casa. Era mais que natural que o amor à boa comida e aos bons vinhos o tenha levado a Napa Valley. Ele já costumava ir para lá desde antes de nos conhecermos e seu sonho era ter uma casa na região. Juntos, nós realizamos esse sonho: acabamos comprando e reformando uma casinha em Yountville. Passamos muitos fins de semana felizes lá.

Max encheu nossas duas casas de livros – que não eram apenas parte da decoração. Ele havia lido cada um dos milhares que possuía. Tinha uma preferência por não ficção e lia muito sobre a Guerra de Secessão e a Primeira e a Segunda Guerras Mundiais. Também adorava filosofia. Especificamente gostava de livros com relatos históricos de personagens religiosos e tinha grande curiosidade intelectual sobre a vida de Jesus, apesar de não ser praticante de nenhuma religião formal. Em 1999, quando começamos a namorar, Garry Wills, um prolífico autor e ganhador do prêmio Pulitzer, acabara de publicar um livro sobre Santo Agostinho. Eu estava em Nova York a negócios e perguntei a Max se ele queria algum presente. A única coisa que ele queria era esse livro. Naquele mesmo ano, lembro-me que ele também leu *O desejo das colinas eternas*, de Thomas Cahill, que detalha a vida de Jesus e seu impacto sobre a História.

Costumávamos conversar sobre religião e espiritualidade. Max me contou que admirava minha fé e chegava a invejá-la às vezes, mas não era para ele. Embora preferisse não seguir uma religião formal, seu código de conduta e suas virtudes eram coerentes com as de muitos religiosos praticantes que conheço. Max seguia o caminho no qual se sentia à vontade: a investigação intelectual e acadêmica sobre a religião e a espiritualidade.

E, na melhor fase de sua vida, Max foi consumido pelo câncer apenas 12 dias antes de nosso quarto aniversário de casamento. Só se passaram seis meses entre o diagnóstico e seu falecimento.

Nossa querida amiga Dra. Viva Ettin descreveu uma conversa que teve com Max durante a quimioterapia. Ainda disposto a curtir o que a vida tinha a oferecer, ele lhe dissera:

– Tenho vinhos que guardei por 20 anos e não vou beber. Não tenho a menor vontade de comer nem de beber nada, mas antes de ontem tomei um copo d'água, tão fresca e espumante... Que prazer me deu! Outro dia também me sentei com Janis à mesa da cozinha e fiquei olhando a luz do sol com ela. Que gostoso.

Viva contou o que Max lhe dissera no dia que descobriu que o câncer havia atingido seu pulmão e que seu tempo na Terra seria breve. Ela lhe perguntou o que ele queria fazer em seus últimos meses.

– Quero passar cada minuto com Janis e Tanner. – E chorou.

Na semana anterior à sua morte, conversamos como nunca tínhamos conversado. Ele não maldisse a doença nem a morte iminente:

– É nosso amor e minha profunda crença em nosso casamento e em nossa família que têm me mantido de pé durante esses meses difíceis.

Perto do fim, ele me disse:

– É apenas nosso amor que me dá coragem para enfrentar a morte. Para mim é mais fácil, porque estou partindo. Será mais difícil para você, que vai ficar para trás.

O mais espantoso que ele disse perto do fim foi:

– Você vai encontrar alguém e se casar de novo. E será ainda melhor do que o que tivemos.

– Isso é impossível – respondi. Não havia como acreditar que eu voltaria a encontrar um amor como aquele.

– Não é, não – insistiu ele –, porque estarei lá. Meu amor nunca morrerá. Ele é imutável.

Foi o que mandei escrever em sua lápide no cemitério de Yountville, onde ele pediu para ser sepultado:

MAX BESLER
1948 – 2004
Nosso amor imutável
Janis e Tanner

Em seus últimos dois meses de vida, Max passou muito tempo com nossa amiga e faxineira Helen. Ele insistiu que eu continuasse trabalhando, e criei a rotina de ir todos os dias para o escritório e, quando possível, voltar em casa para uma visita. Acho que não queria que eu visse pelo que ele estava passando. Ainda bem que Helen ficava em casa. Ela, que crê em Deus, me contou que suas conversas com Max, o cético, eram impressionantes. Ela disse que, certo dia, os dois estavam sentados à mesa da cozinha, com o sol brilhando, quando de repente começou uma chuva forte.

– A gente só parou e ficou olhando – recordou Helen. – Eu disse a ele: "Sei que o senhor tem suas questões com Deus, mas isso é algo que Deus criou para nós hoje." E disse também: "Depois que o senhor se for, se achar um jeito, nos avise se houver algo mais, se não for o fim."

Segundo Helen, ele concordou que daria um jeito de avisar a nós duas.

– Mas caberá a vocês duas verem – arrematou ele.

Um ou dois dias antes de morrer, Max me disse:

– Preciso de uma caixa. O endereço está numa caixa. Preciso das instruções para chegar aonde vou. Você vem junto? Ah, esqueci, você não pode.

Por mais que esse comentário fosse doloroso por causa da nossa iminente separação, acho que ele estava ativamente procurando um caminho para o outro lado. E o comentário que fizera a Helen prenunciou o que aconteceria: "Caberá a vocês duas verem."

Tanner, eu e Max, Sacramento, 2000.

capítulo 4

O vale das sombras da morte

Max morreu às 12h44 de sábado, 8 de maio de 2004. Ao dar seu último suspiro, havia sete de nós, amigos e familiares, à sua volta. Estávamos na sala de casa, em Sacramento. Max, reduzido a um corpo esquelético de 63 quilos, e não mais aquela figura musculosa de 93 quilos, estava deitado na cama estreita de hospital, trazida vários dias antes pelo serviço de atendimento a doentes terminais. Tanner e eu tínhamos colocado o leito no meio da sala, perto da lareira, para que ele ficasse na frente e no centro, cercado por aqueles que o amavam.

Eu queria que Max estivesse em casa, e não no hospital, quando morresse. E queria muito que a família e os amigos estivessem ao seu lado para que ele não ficasse sozinho em seus momentos finais. Enquanto o observava dormir sob a pesada influência da morfina, eu estava tão triste que poderia uivar em agonia. Mas contive minha dor para proteger meu filho. Não sei de onde tirei coragem para me comportar de forma sensata apesar de ter consciência de que estava perigosamente perto de enlouquecer.

Tínhamos chegado ao momento em que sabíamos que a morte de Max era iminente e seria uma bênção para ele, que já havia sofrido bastante. Percebi que eu estava prendendo a respiração enquanto esperávamos que ele desse o último suspiro. O tempo parou. Eu estava caída numa cadeira à direita da cama e Tanner estava à esquerda. Segurei a mão magra e sem vida de Max de um lado e estendi a outra sobre ele para segurar a mão quente e gordinha de Tanner, que fez o mesmo, criando um laço entre nós três. Nada na vida havia me preparado para aquilo. Não tinha lido nenhum livro sobre como ajudar os outros a morrer. Nunca pedira conselhos a ninguém sobre como lidar com esse enorme e importante momento da vida. Ainda assim, ali estava. Max logo partiria. Para sempre. E eu passaria o resto da vida sem ele. A família que Tanner, Max e eu tínhamos construído não existiria mais. Como seria possível continuar?

Eu deixara minha Bíblia numa mesinha de canto, pela manhã. Avistei-a com o canto do olho. Em silêncio, alcancei-a na mesa e a abri no marcador que deixara no Salmo 23. Pedi aos outros que dessem as mãos e recitei as palavras: "O Senhor é meu pastor, nada me faltará..."

No quintal, debaixo do beiral do telhado junto à porta, havia dois pesados sinos de vento que Max e eu tínhamos pendurado havia alguns anos. Os dois eram de um tamanho considerável. Um, de madeira com tubos de metal brilhante pendurados, produzia um profundo som musical quando tocava, e o outro, triangular, me lembrava o gongo de uma boia no mar. Achei adequado que ambos soassem no instante em que Max faleceu, enchendo a casa com aqueles sons ricos e melodiosos. Todos os presentes pararam para escutar. Alguém comentou que os sinos lembravam a música de um órgão tocando numa catedral. Quando nos viramos ao mesmo tempo para observá-los, notamos algo muito estranho: não estava ventando.

Ao refletir sobre aquele momento, ainda acho espantoso que o véu que separa a vida da morte seja tão tênue e frágil. Um suspiro, um momento imóvel e, então, o silêncio – e a pessoa que amamos e conhecemos se vai para nunca mais.

A morte representa um paradoxo para os que são deixados para trás. Apesar de acreditarmos no céu, na vida após a morte ou na sobrevivência de alguma forma de consciência, por que sofremos uma dor tão grande com a morte da pessoa amada? Acho que é porque, mesmo com todo o poder do amor, é a interação física e mental constante que exprime esse amor. Então, quando perdemos essa interação, como lidar com a tristeza? Aprendi uma lição importante com um amigo querido, o reverendo Jesse Vaughan.

Um verdadeiro homem de Deus, Jesse é ministro episcopal e se aposentou recentemente como diretor do Externato Episcopal St. Michael, em Sacramento. Eu o conheci na época em que servia na diretoria local. Quando Max recebeu o diagnóstico, Jesse foi um dos primeiros a nos visitar. Não sei como, mas ele veio na mesma hora – e sempre vou me lembrar de seu rosto na porta da frente. Descobri que, embora possamos esquecer muita coisa na vida, nunca nos esquecemos de quem ficou a nosso lado nas horas difíceis. Sempre serei grata a Jesse por aquela visita.

Meses depois, perguntei-lhe:

– Como lidar com isso, com o fato de essa perda ser definitiva? Como é que a gente se acostuma com isso?

– É a essência deles que nunca esquecemos. Ela vive dentro da gente – respondeu ele baixinho, do jeito que costuma falar.

Senti-me reconfortada pela observação de Jesse e pensei nela muitas vezes, nos momentos mais sombrios.

Nossos amigos foram embora no início da tarde, levando Tanner com eles, e a funerária veio buscar o corpo de Max. Fui até o quarto para trocar de roupa antes de ir para a casa de uma amiga descansar. Foi quando notei que a lâmpada acima da pia do banheiro da suíte estava queimada. Eu me dei conta disso porque ela nunca queimara. Tanner e eu morávamos ali desde 1998 e nunca havíamos trocado aquela lâmpada. Agora, no dia do falecimento de Max, ela queimara. Isso me pareceu esquisito, mas, enfim, lâmpadas queimam. Fosse como fosse, eu não tinha energia nem condições mentais para pensar direito em nada. Mal conseguia colocar um pé adiante do outro.

Fizemos a cerimônia na Trinity Cathedral Church, no centro de Sacramento. Jesse conduziu o serviço e várias centenas de pessoas encheram a igreja em homenagem a Max, que era muito amado e respeitado na comunidade. A cerimônia começou com o ataúde sendo carregado pelo corredor central até a parte da frente do templo. Tanner era um dos que estavam carregando o caixão à minha frente. Eu iria atrás, com Kurt e Marky Olson, meu irmão e minha cunhada, um de cada lado para me acompanhar. Mas, quando íamos dar o primeiro passo pelo corredor central, fiquei paralisada. Virei-me para Marky e disse:

– Acho que não vou conseguir.

Naquele momento, aconteceu uma coisa muito improvável. A porta de uma antessala que ficava atrás do altar se fechou lentamente com um estrondo. Não era uma porta delicada – era bem maciça. Não havia ninguém perto dela e, mais uma vez, nem sinal de vento. Ela se fechou sem que ninguém a tocasse, o que parecia impossível. Nós três levamos um susto. Alguns segundos depois, Marky disse:

– Acho que Max quer que você vá. Sei que você consegue.

Ela estava certa. À medida que avançávamos de braços dados pelo longo corredor até a frente do templo, sentia um ímpeto para dar o passo seguinte. Parecia que eu estava envolta pelo amor e pelas manifestações generosas de apoio das pessoas da congregação. Familiares e amigos do círculo de Max, do círculo de Tanner e do meu estavam lá. O calor de sua presença inundou meu coração vazio e me encheu de coragem.

Só quando tive tempo para refletir, mais para o fim da semana, é que pensei nos fatos que agora pareciam criar um padrão. Sinos pesados tocam no ar totalmente parado. Uma lâmpada queima por acaso, bem no dia da morte de Max. Uma porta pesada demais para se fechar sozinha bate com estrondo. O que estava acontecendo – se é que estava? Talvez eu estivesse confusa, sob um manto de pesar. Talvez tivesse imaginado tudo. Ou podia ser que não fosse nada, apenas coincidência.

Decidi me concentrar em Tanner e passar o tempo livre com amigos e familiares. Aqueles foram os dias mais difíceis da minha vida, e eu não estava bem preparada. Nunca havia perdido ninguém, e a cada dia que passava eu me sentia afundando em areia movediça. Eu estava precisando da segurança e do consolo das pessoas que amava e mal conseguia cumprir as tarefas básicas do dia a dia. O momento de pensar nessas estranhas ocorrências teria que esperar.

Consumida pela dor, tentava assimilar uma experiência de vida totalmente nova. Começava a perceber que, depois que os rituais de despedida terminam, a solidariedade dos outros começa a diminuir. Mas a tristeza, não. Essa é a emoção mais íntima que já conheci. Todos os que já choraram a perda de uma pessoa amada entendem essa dor. Parece simplesmente intolerável e não paramos de nos perguntar se conseguiremos seguir em frente. Mas, de um jeito ou de outro, acabamos seguindo.

capítulo 5

Acontecimentos estranhos

Uma semana após a morte de Max, levei Casey, nosso labrador, para um longo passeio pela trilha do rio American para me exercitar e esfriar a cabeça. Era uma manhã de sábado, por volta das 7 horas, e Tanner ainda dormia em seu quarto. Voltei cerca de uma hora depois e, enquanto soltava a guia da coleira de Casey, ergui os olhos para o grande relógio redondo acima da lareira da sala de estar, onde Max morrera. Foi então que vi algo estranho. O relógio estava parado – às 12h44, hora exata do falecimento de Max. A princípio, não entendi. Pensei: *Hora de acordar para o café da manhã, Tanner*. Então percebi. Como o relógio podia estar marcando 12h44 em vez de 8 horas, que seria o certo? Dei meia-volta e fui ao quarto de Tanner acordá-lo, meio que torcendo para que, quando voltasse, o relógio estivesse marcando a hora certa.

– Acorde. Acorde. Você não vai acreditar no que acabei de ver – disse a ele.

Como qualquer garoto normal de 14 anos, Tanner afastou as cobertas e veio, sonolento, tropeçando atrás de mim pelo corredor até a sala.

No dia em que Max morreu, nós que estávamos com ele anotamos o horário: 12h44. Eu também escrevera a hora do óbito num caderninho de capa preta para registrá-la e informá-la às autoridades competentes. Não era um palpite nem uma aproximação. Era a hora exata. Tanner sabia disso tão bem quanto eu.

– Olhe, Tanner – disse eu, apontando o grande relógio.

Ele ergueu os olhos, que se arregalaram, ficando grandes e redondos, e abriu a boca como se fosse dizer alguma coisa, mas nenhuma palavra saiu. Em vez de falar, ficou ali, olhando, até finalmente se virar para mim.

Ele murmurou três palavras:

– Não pode ser.

Juntos, fitamos o relógio, enquanto Casey dava voltas ao redor de nossos pés. Não parecia haver explicação. Na noite anterior, quando fui me deitar depois que Tanner já estava dormindo, o relógio estava funcionando direito. Não havia mais ninguém na casa. Além disso, o relógio era pesado demais e ficava num lugar que dificilmente alguém poderia alcançar para mudar a hora. Nem Tanner nem eu conseguiríamos.

– Não entendo como isso foi acontecer – falei.

Estava mais curiosa do que qualquer outra coisa. Será que isso era parte de uma sequência de acontecimentos interligados ou seria apenas mais uma coincidência isolada? Será que significava alguma coisa? Os sinos tocando sem vento, a lâmpada queimada no dia em que Max morreu, a porta da igreja se fechando sozinha... e agora isso.

– Mãe, talvez ele esteja precisando de uma bateria nova. A gente não consegue trocar, mas alguém pode nos ajudar a tirá-lo dali – propôs Tanner, felizmente interrompendo meus pensamentos. – E provavelmente é só coincidência ter parado às 12h44.

– É, provavelmente – respondi, no fundo sem saber se era tão simples assim, mas sem querer pensar que poderia ser mais do que isso.

Eu queria uma resposta clara e conveniente. Tinha coisas demais me perturbando. O choque do diagnóstico de Max, sua sofrida batalha com o câncer e a morte devastadora apenas seis meses depois tinham me cobrado um alto preço. Ele morrera havia apenas sete dias. Eu mal estava conseguindo seguir em frente com a minha vida.

– Acho que vou voltar para a cama – disse Tanner.

Fosse qual fosse o mistério do relógio e apesar da minha tristeza, Tanner me deixou com os pés no chão. Eu precisava me manter forte e racional por ele.

O relógio ficou marcando 12h44 até a quarta-feira, quando Helen veio. À noite, quando cheguei, encontrei um bilhete dela dizendo que as luzes tinham piscado e que o relógio voltara a funcionar ao mesmo tempo. Ela não tocara no relógio nem trocara a bateria.

"Acho que Max nos fez uma visitinha", escreveu ela no bilhete.

Cerca de 15 dias depois, eu estava no sofá da sala, com Casey deitada a meus pés. Assistia a uma reprise de *Law & Order* e escrevia bilhetes de agradecimento às muitas pessoas que tinham enviado suas condolências depois da morte de Max. Tanner estava na casa do pai. De repente, ouvi um barulho, um som estridente, vindo da área da suíte de hóspedes, onde Max passara seu último mês de vida. *Que será isso?*, me perguntei. Peguei o controle remoto e abaixei o volume da TV para escutar com mais atenção. Casey não deu mostras de escutar, o que foi curioso.

Levantei-me do sofá e segui na direção do som. Vinha do banheiro da suíte de hóspedes. Quando me aproximei, o barulho parecia alguém martelando um prego na parede. Ao entrar no banheiro, fiquei paralisada. À esquerda do espelho, cerca de meio metro acima do vaso sanitário, a parede pulsava. É isso mesmo. Ela literalmente pulsava. Em vez de estar plana e normal, o que vi foi uma parede com movimento ondulatório. De forma igualmente desconcertante, as ondas não combinavam com o barulho, que era uma batida em *staccato*. O movimento na parede mais parecia uma onda contínua, em *legato*, que subia e descia suavemente sob o reboco. Fiquei imóvel, dizendo a mim mesma que, embora soubesse o que estava vendo e escutando, a ideia de aquilo realmente estar acontecendo era absurda. *Não pode ser*, disse com meus botões.

Tudo bem, pensei, *hora de encontrar uma resposta prática e objetiva para esse mistério* – em outras palavras, a razão "real". Eu não ligara a máquina de lavar, que ficava diretamente atrás da parede do banheiro. Mas talvez ela estivesse batendo na parede. Fui verificar a lavanderia. Talvez tivesse programado a máquina para ligar sozinha. Nada. Tudo bem, talvez estivesse chovendo ou ventando. Ou um fio elétrico tivesse se soltado e estivesse batendo no telhado. Saí correndo pela porta da frente. Nada de chuva. Nada de tempestade. Nada de vento. Nada de fio caído. Nada. Corri de volta para dentro e retornei rapidamente ao banheiro. Tinha parado.

O barulho e a pulsação duraram apenas uns cinco minutos. Foi tão esquisito que achei que estivesse imaginando coisas. Estava cansada demais, desgastada demais. Precisava me recompor. Mas havia uma vozinha no cantinho da minha mente dizendo que eu sabia que não tinha inventado. Eu nem saberia por onde começar. Meu desejo intenso de encontrar uma resposta banal que trouxesse a normalidade de volta lutava contra a suspeita insinuante de que algo muito extraordinário estava acontecendo. Tomei a decisão de ficar do lado do comum. Eu chamaria o encanador e a dedetizadora. Eles me dariam uma resposta.

O encanador chegou dois dias depois para inspecionar os canos na parece acima do vaso sanitário junto ao espelho. Não lhe disse nada, só perguntei se os canos poderiam provocar barulhos ou vibrações na parede. Ele verificou o encanamento e disse que só ia até a altura do vaso, então não poderia ser esse o problema. A dedetizadora veio depois. Eu queria saber se um roedor ou algum outro animal poderia ser a fonte do ruído ao se contorcer por dentro da parede. Os técnicos subiram ao sótão, iluminaram tudo com as lanternas atrás de indícios de roedores, mas nada encontraram.

Eu tinha uma verdadeira charada nas mãos. Só que, mais forte do que esse dilema, era minha vontade de pôr o máximo de ordem em minha vida. Suprimi não só esse fenômeno inexplicável, mas os outros também. Disse a mim mesma que aquilo não apenas era irracional como também era contraproducente para a minha saúde, para a criação de Tanner e para o meu trabalho. Eu teria que conviver com o mistério porque essa era a única maneira de sobreviver à tristeza.

No Dia dos Pais de 2004, pouco mais de um mês depois da morte de Max, a tristeza ainda era grande e eu estava me sentindo especialmente melancólica. Não parava de pensar em quanto Max e Tanner se amavam. Max não era seu pai biológico e nunca substituiria Bob, mas era como um pai em todo o resto. Eles se deram bem desde o princípio e Max ensinou muito a Tanner sobre história, política e cultura. Eles se atraíam naturalmente e o amor entre os dois era evidente.

Naquele domingo, eu estava mais uma vez sentada no sofá da sala de estar, dessa vez me balançando de um lado para outro e ouvindo a música "Because You Loved Me", com Celine Dion, que pusemos no funeral de Max. Estava revivendo a cerimônia e me afundando na tristeza. Do nada, comecei a ficar agitada, como se devesse estar fazendo outra coisa, como se devesse me levantar do sofá. Então fui até a biblioteca, onde Max passava muito tempo lendo e escutando música clássica. Ele gostava mais dessa sala do que de todos os outros cômodos da casa. Era um lugar convidativo, de teto alto e abobadado, com estantes do chão ao teto em todas as paredes, cheinhas de livros. O único espaço livre era a janela avarandada que dava para o jardim da frente. Nunca contei os livros, a maioria deles de Max, mas devia haver pelo menos uns mil.

Depois de dar algumas voltas pela biblioteca, acabei parando e, ao acaso, tirei um livro da estante. Eu o folheava quando um cartão caiu no chão. O envelope estava endereçado a Max com uma letra que parecia feminina. Tenho vergonha de contar, mas meu primeiro pensamento foi: *Ah, não, por favor, não me deixe descobrir que Max estava tendo um caso.* Apressada, abri o cartão e descobri que, na verdade, era da mãe dele, Margaret Besler, que o enviara no Dia dos Pais do ano anterior. Ela escrevera: "Nunca o vi tão feliz na vida. É porque você tem uma família."

Não consegui acreditar no que via. Como esse cartão veio parar na minha mão no Dia dos Pais, um ano depois? Por que escolhi aquele livro entre as centenas que estavam nas prateleiras? Qual era a probabilidade? Quem ou o que estava tentando me consolar? Como fui encontrar aquele livro, naquele dia comemorativo, e descobrir uma mensagem que me traria um alívio tão necessário?

Durante o verão inteiro, quando estava em casa, eu deixava a porta de tela da frente fechada, mas abria a pesada porta de madeira para refrescar o ambiente. Várias vezes ouvi claramente uma batida forte na porta, mas não havia ninguém lá. E às vezes, quando me esquecia de prender a porta de tela, ela se abria e fechava sozinha. Embora achasse esquisito, deixava para lá. No entanto, uma semente começava a germinar. Passei a fazer uma lista íntimas das ocorrências estranhas. Não consegui resistir. Sentia cada vez mais dificuldade de ignorar esses fenômenos. Será que significavam alguma coisa? Mas o quê? Será que eu tinha que tomar alguma providência?

Levei muito tempo para me desfazer dos pertences de Max. Sentia-me desleal, como se o abandonasse, quando me desfazia das coisas que ele usava, valorizava ou guardava. Havia os itens práticos, como ternos, calças, camisas e paletós. E havia os mais pessoais: o trompete dos tempos de escola, seus queridos discos da década de 1960, as medalhas do pai na Segunda Guerra Mundial, a imensa coleção de CDs de música clássica, seus amados livros. Mas, de todos os seus pertences, os sapatos é que mais mexiam comigo. Algo neles me impedia de lhes pôr a mão. Acho que é porque ele amava muito seus sapatos e cuidava bem deles. Mantinha todos bem engraxados e arrumados no armário, por ordem de cor. Para Max, eram uma "coleção". E, quando os calçava, ficava todo orgulhoso. Eu costumava fitá-los no armário, pensando que deveria dá-los a alguém que pudesse usá-los, mas, quando estendia a mão para pegar um par, ficava imóvel. Não conseguia tocá-los, muito menos me forçar a tirá-los de casa. Mas depois de algum tempo percebi que tinha que fazer aquilo. Então, numa noite de sábado, reuni suas roupas e seus sapatos e os levei a uma antiga instituição de caridade que revende objetos usados como fonte de renda. Guardei algumas de suas gravatas e camisas favoritas para Tanner e um suéter que Marky pedira. Separado, enchi uma caixinha com os itens que eu queria guardar, uma caixa especial com seus objetos mais íntimos, dos quais nunca conseguiria me separar: os óculos redondos de aro de tartaruga, a carteira preta e gasta com todas as fotos escolares de Tanner, do quinto ao oitavo ano, a bandeira americana de seu serviço na Força Aérea, uma minúscula escovinha de cabelo vinho que ele usava toda manhã depois do banho e algumas fotos prediletas. No dia seguinte também embalei a maior parte dos livros, sabendo que a biblioteca pública faria bom uso deles. Naquela noite, as lâmpadas da cozinha não pararam de piscar.

Lidei com a minha dor concentrando-me em Tanner e no trabalho. Tinha muito com que me ocupar. Sacramento não é uma das maiores cidades do país, mas é a capital da Califórnia, que é a oitava economia do mundo. Tínhamos muito assunto no jornal.

No início de 2005, organizamos um retiro em Yountville para a equipe de gestores do *Bee*. Meus colegas ficaram num hotel local, mas eu fiquei em nossa casa na cidade. Só havia ido lá uma vez depois da morte de Max e, embora tivesse doado alguns dos livros dele de nossa casa de Sacramento, a de Yountville ainda estava com todos os seus livros na estante. Parecia quase igual à última vez que ele estivera lá.

Sempre gostei muito de caminhar. Então, pela manhã, antes da reunião, saí para uma caminhada. Segui meu itinerário favorito, de uns 5 quilômetros. Quando voltei, fui à cozinha tomar café. Fiquei surpresa ao ver o relógio digital do fogão mostrando 12h44. O interessante era que o relógio digital do micro-ondas, ao lado do fogão, marcava a hora certa: 7h15 – portanto, a explicação de uma queda de luz não fazia sentido. Então eu soube que esses fenômenos estranhos não eram exclusividade de nossa casa de Sacramento.

Pouco tempo depois, de volta a Sacramento, passei por algo que parecia um passo em uma nova direção. Em vez de relógios parados, luzes piscantes, problemas de encanamento ou portas de tela errantes, esse era provocador de um jeito bem diferente. Voltei certa noite do trabalho e decidi tomar um banho na banheira da suíte de casal. Estava ali relaxando, com meus óculos grossos porque estava lendo um livro, quando notei algo que nunca tinha visto. Lindos fios dourados flutuavam a um palmo e meio de meus olhos. A princípio, pensei que só podia ser imaginação ou mesmo uma alucinação. Pisquei. Fitei-os. Aos poucos, fui cativada por sua graça e elegância.

Ali estava um punhado de magníficos fios sedosos dourados flutuando horizontalmente diante de meu rosto. Cada um deles tinha uns 20 a 25 centímetros de comprimento. Pareciam fiapos de espigas de milho. Os fios não estavam presos à parede, nem uns aos outros nem a nada. Flutuavam no espaço e cintilavam. Fiquei hipnotizada por sua graça perfeita e delicada. A experiência como um todo era poética, como se eu tivesse sido transportada para um lugar etéreo. Ela me fez lembrar as ocasiões em que, em meio à natureza, vira um arco-íris perfeito se desenhar sobre as montanhas ou a neve tremular no alto das árvores, com o contorno exato da luz. Não fazia ideia do que provocava esses fios, mas fiquei deleitada com eles.

Dali a alguns minutos, de volta à realidade, tirei os óculos para ver se estavam sujos, se não tinham criado uma ilusão. Coloquei-os na borda da banheira e olhei diretamente para a frente outra vez. E lá estavam eles. Eu ainda via os fios luminosos. Esfreguei os olhos. Abri-os de novo. Os fios encantados permaneciam. Devagar, estendi a mão para tocar um deles, que se dissipou sob o peso de meu dedo. Fiquei sentada, imóvel, fitando-os, tão profundamente perdida no momento que nem questionei o que estaria acontecendo.

Os livros continuavam a me lembrar de Max em momentos importantes. Vários meses depois do aparecimento dos fios dourados, voltei a Yountville para passar o fim de semana. Um dos nossos lugares favoritos para jantar era o Bistrô Jeanty, onde Max e eu nos sentávamos lado a lado no bar. Nessa visita, fui a pé até o restaurante e me sentei no bar, em nosso lugar favorito, com um romance para passar o tempo e minimizar a insegurança que sentia ao jantar fora sozinha. Depois voltei andando para casa e continuei a ler na pequena biblioteca, o cômodo favorito de Max, tanto em nossa casa no condado de Napa quanto na casa de Sacramento. Ergui os olhos e avistei um livro com capa simples em preto e branco. Por alguma razão, senti vontade de me levantar e pegá-lo, como fizera em Sacramento quando achei o cartão de Dia dos Pais da mãe de Max. Mais uma vez, algo caiu de dentro do livro. Era um pedacinho de papel. Quando me abaixei para pegá-lo, vi que era um recibo de cartão de crédito.

Olhando melhor, fiquei paralisada com o que vi. Era de um jantar que tivéramos no Bistrô Jeanty dois anos antes. Não num dia qualquer, mas exatamente dois anos antes, no mesmo dia. Talvez não seja esquisito o recibo de um restaurante cair de um livro. E visitávamos o lugar com frequência. Mas exatamente no mesmo dia, num livro escolhido ao acaso em meio a centenas de outros, numa noite em que eu acabara de voltar do mesmo restaurante? Parecia muitíssimo improvável.

Cerca de um mês depois, eu estava lendo na mesma biblioteca e meus olhos captaram outro livro específico na estante. Não sei por que o escolhi numa estante repleta de livros. Peguei-o e vi que se tratava dos textos de Marco Aurélio, o imperador romano cuja obra mais famosa é *Meditações*. Várias páginas estavam com a ponta dobrada.

Abri na primeira página marcada. Duas citações tinham sido sublinhadas. A primeira era: "Não desprezes a morte; dá-lhe boa acolhida, como a uma das coisas que a Natureza quer."

A segunda era: "Pensa sempre no Universo como um organismo vivo, com uma substância e uma alma únicas; e vê como todas as coisas estão sujeitas à perceptibilidade deste único todo. [...] Repara no intricado da meada, na complexidade da teia."

Fiquei embasbacada. Max estaria lendo isso pouco antes da morte? Fizemos visitas frequentes a Yountville em seu último mês, até ele não poder mais viajar. Estaria tentando entender seu sofrimento? Ou eu estava vivenciando isso de forma independente dele? Mais estranho ainda: isso teria alguma ligação ou faria referência aos fios que eu vira na banheira? Seriam o símbolo desse "intricado da meada", da "complexidade da teia"? Por que eu escolhera aquele livro entre as centenas que havia da estante? Havia alguma mensagem que eu deveria captar?

capítulo 6

A JORNADA COMEÇA

EMBORA AS COINCIDÊNCIAS E OCORRÊNCIAS MISTERIOSAS SE ACUMUlassem durante o primeiro ano após a morte de Max, eu continuava a negá-las. Observava ou vivenciava tudo que acontecia, mas, com minha justificativa costumeira de me concentrar nas prioridades da vida cotidiana, não pensava sobre o assunto. Não conversei com ninguém a respeito, principalmente porque me sentia constrangida. Tinha medo de que me condenassem e pensassem que eu havia enlouquecido.

Mas a mão no espelho, em maio de 2005, no primeiro aniversário da morte de Max, mudou tudo. Fiquei sem chão, como em nenhum dos acontecimentos anteriores. Além de absolutamente certa de que aquilo não tinha sido fruto da minha imaginação, porque Tanner também a havia visto, a natureza extraordinária da marca de pó era surpreendente demais para ser ignorada. Isso exigia uma resposta. Não conseguia racionalizá-la e deixar para lá, como fizera com o relógio parado e os sons na parede, acreditando que havia explicações práticas que eu apenas não conseguia confirmar.

A marca de mão me obrigou a enfrentar a realidade. Eu teria que deixar de ser tão reservada e encontrar alguém em quem pudesse confiar para contar o que estava havendo. A escolha mais lógica seria Helen, porque ela testemunhara alguns dos fenômenos e conversara com Max sobre a esperança dele de entrar em contato conosco depois de chegar ao outro lado. Até falei com ela, mas cautelosamente, pois não queria parecer vulnerável, já que ela trabalhava para mim. E não parecia justo sobrecarregá-la, embora sem dúvida ela tivesse a mente aberta. É claro que havia Tanner. Ele testemunhara os sinos tocando sem vento, o relógio parado às 12h44 e, mais importante, a marca de mão no espelho. Mas meu instinto maternal de protegê-lo era mais forte que tudo. Não queria distraí-lo dos estudos nem lhe dar razões para se preocupar. Afinal de contas, ele só tinha 15 anos.

Por fim, decidi conversar com minha irmã, Signe Feldman, e minha cunhada, Marky. Amo as duas, confio nelas e somos muito íntimas. Signe mora em Dallas, Marky, em Seattle, e nossas conversas foram por telefone. Elas sempre foram pacientes e compreensivas. Mas o máximo que consegui foi deixá-las preocupadas. Provavelmente acharam que tudo era fruto da minha tristeza.

Também entrei em contato com alguns amigos mais íntimos, sabendo que manteriam nossas conversas em segredo. Foram ouvintes solidários, porém, mais uma vez, acho que só ficaram ainda mais preocupados comigo. Foram gentis, bem-educados e me deram apoio, é claro. Mas, para ser justa, também devem ter pensado que eu estava louca. Aquilo tudo era bem esquisito, e não surpreende que atribuíssem esses fenômenos ao processo de luto.

Mais ou menos nessa época, algo fortuito aconteceu. Max, Tanner e eu tínhamos planejado uma viagem à Itália, antes do diagnóstico no outono de 2003. Ele estava muito empolgado, porque conhecia bem os famosos pintores, escultores, poetas e músicos italianos e era fã ardoroso de museus e coleções de arte. Queria também visitar as antigas ruínas. Mas, mais do que tudo, ele adorava o vinho e a comida da Itália.

Então tive uma ideia que me pareceu útil. Disse a Tanner que faríamos a viagem em homenagem a Max. Concordamos que ele ficaria feliz se soubesse que íamos homenagear sua vida. Pensei naquilo não só como um tempo precioso com Tanner, refletindo juntos, mas também como um tempo para pensar no que vinha acontecendo desde que Max morrera. A viagem permitiria que eu me afastasse das distrações e da falta de tempo da vida cotidiana e esfriasse a minha cabeça. Talvez pudesse encontrar algumas respostas. Ou, pelo menos, começar a fazer perguntas melhores.

Nossos amigos Carolyn e Mike Valenti, com seu filho Bryan, que era amigo de Tanner, também haviam planejado uma viagem à Itália, de modo que decidimos encontrá-los lá. Visitamos Roma e Florença juntos, e fiz o que pude para relaxar e curtir. Entretanto, também houve momentos dolorosos, em que pensava em Max e ansiava por sua presença. A tristeza vem em ondas e, bem na hora que a gente acha que está bem, não está mais. Pelo menos, fiz algum progresso.

Enquanto visitávamos a Galleria degli Uffizi, subíamos os degraus do Coliseu, passeávamos pelo Panteão e caminhávamos em silêncio pela Basílica de São Pedro, senti lentamente a tensão diminuindo. Ainda não sabia direito o que significavam a marca de mão e os outros fenômenos. Não conseguia explicá-los para mim – muito menos para os outros. Mas começava a admitir que eram acontecimentos válidos. Em vez de negar e fingir que não tinham acontecido, senti que estava me abrindo. A curiosidade substituíra o medo e eu queria saber o que estava ocorrendo.

Depois de passar uma semana em Roma e Florença, nos despedimos de nossos amigos e fomos sozinhos, Tanner e eu, para a Riviera italiana. Certo dia, pouco antes do pôr do sol, passeávamos pela linda cidadezinha de Portofino, admirando as casas em tons pastel que ladeavam o porto, conversando sobre a variedade eclética de embarcações, com iates magníficos ancorados ao lado de humildes barcos de pesca. O sol da tarde lançava um brilho mágico sobre a água turquesa e eu soube que aquele era um momento encantado. Só que nunca poderia imaginar como seria espantoso.

Quando chegamos à Itália, eu comprara uma câmera descartável (não havia celular com câmera em 2005) porque conseguira fazer algo com minha câmera automática no avião e ela parara de funcionar direito. Peguei a câmera descartável e sugeri a Tanner que parássemos e pedíssemos a alguém que tirasse uma foto nossa. Num instante, um transeunte amistoso nos ajudou a registrar o momento. Ficamos de pé e fizemos uma pose à beira d'água. Quando voltamos a Sacramento, mandei revelar as fotos e fui buscá-las alguns dias depois. Dei uma olhada geral em todas elas até encontrar a minha com Tanner no porto. O transeunte tirara uma foto muito bonita.

Mas, ao examinar com mais atenção, notei uma coisa espantosa. Na foto, atrás de nós, estava a popa de um modesto barco de pesca, flutuando ancorado a uns 30 metros de onde estávamos. O nome do barco, pintado na popa, estava perfeitamente alinhado entre meu ombro e o de Tanner, bem onde Max estaria se tivesse feito a viagem conosco. Franzi os olhos para ler o nome do barco e vi três letras simples: MAX.

Era impossível. Fiquei olhando a foto. Seria mais uma coincidência extraordinária? A probabilidade de isso acontecer parecia astronômica: que só aquelas três letras do nome do barco aparecessem, que estivessem tão perfeitamente posicionadas entre nós, que formassem o nome de Max, que um total desconhecido escolhesse aquele ângulo específico numa foto tão rápida sem conhecer nossa história.

Naquele momento, soube que a jornada que havia começado na Itália precisava continuar em casa. Só não sabia qual seria meu ponto de partida. Quando conversei com um confidente, agora com um pouco mais de abertura, revelei a ideia de que queria aprender mais sobre o mundo espiritual. Esse amigo me sugeriu algo bastante óbvio. Por que não fazer o que observara em mais de 30 anos no setor jornalístico? Pesquisar e investigar... Foi uma revelação, e serviu de marco inicial do que se tornaria uma jornada de transformação, crescimento espiritual e compreensão. Percebi que precisava parar de reagir como uma mera espectadora dos fatos. Decidi aprender o máximo possível sobre aqueles incidentes (nem sabia como chamá-los), lendo e conversando com especialistas. Minha jornada duraria oito anos e acabaria me levando a viajar pelo país para entrevistar cientistas, professores universitários, físicos e líderes espirituais. Mas, naquele instante, eu estava apenas começando.

Meu primeiro passo foi pesquisar no setor de literatura Nova Era na livraria East West Books, em Sacramento, não muito longe de casa. Decidi ir disfarçada. Embora a região tenha sete condados e uma população de quase 2,5 milhões de habitantes, em vários aspectos trata-se de uma cidade pequena. Como editora-chefe do jornal local, eu era facilmente reconhecível. Não parecia boa ideia ser vista naquele ambiente, nem pelo público em geral nem pelos funcionários do *Bee*. Afinal de contas, o mundo metafísico, abstrato e misterioso fica a quilômetros de distância do mundo jornalístico, analítico, baseado em fatos. Senti que tinha a obrigação de proteger a imagem do jornal. Então pus um boné puxado sobre os olhos, ocultos atrás de enormes óculos escuros. E escolhi uma calça larga e uma blusa de moletom cinza para completar o efeito geral. Em resumo: estava ridícula. Não fiz contato visual com ninguém enquanto perambulava pelos corredores, fingindo saber exatamente o que estava procurando, mas sem ter a mínima ideia.

Felizmente, a loja tinha plaquinhas muito úteis que indicavam quais categorias ficavam em cada estante, como nas livrarias comuns. Montes de livros tratavam de astrologia, espiritualidade, metafísica, saúde e bem-estar, ioga, meditação, religião e psicologia, para citar apenas alguns temas. Reconheci alguns livros e autores, como Eckhart Tolle, Deepak Chopra, Caroline Myss, James Redfield, Paulo Coelho, Miguel Ruiz e Brian Weiss. Mas, no geral, fiquei apenas perambulando. Começava a me perguntar o que estava fazendo ali quando percebi a música calmante estilo *new age* que tocava ao fundo, criando uma atmosfera que me lembrava a música que tocava no spa quando eu fazia massagem. Imaginei que seria um CD da Enya ou do Yanni e relaxei um pouquinho.

Reuni coragem, escolhi alguns livros e me esgueirei até o balcão. Enquanto esperava na fila, tentando ficar invisível, notei que a maioria das pessoas na loja eram mulheres. O interessante é que tinham um estilo parecido. Era muito natural. Muito cabelo bonito e comprido, nenhuma maquiagem – o que invejei, porque elas não se importavam com as críticas – e todas usavam sandálias Birkenstock. Também tenho um par de sandálias dessas e reconheci-as imediatamente. E o que eu estava calçando? Tênis. Tênis grandes, grossos e pesados. Meu "disfarce" me deixava mais visível que um holofote.

Em casa, sã e salva e livre de meu "disfarce", li os livros recém-comprados. Durante o mês seguinte, eles foram abrindo meu apetite por mais.

Então me lembrei de Robin. Em 1998, pouco depois de começar a trabalhar no *Bee*, contratei um consultor que trabalhava com grandes jornais para nos ajudar a desenvolver uma estratégia de crescimento que fosse boa para os leitores e a empresa. Ele nos trouxe seu conhecimento e domínio técnico no momento em que estávamos elaborando nossos planos. Mas o mais interessante nele era a mistura incomum de sofisticação do mundo dos negócios e grande interesse na dimensão humana da vida empresarial. Quando terminamos o serviço, ele sugeriu que eu entrasse em contato com a Dra. Robin Van Doren, que morava em Sacramento. Ele disse que eu a acharia muito esclarecedora em nível pessoal.

Segui o conselho e me encontrei com Robin pela primeira vez em 1998, sem saber direito o que esperar. Ela morava perto do centro de Sacramento, numa encantadora casinha de estilo californiano, lindamente decorada com souvenires e obras de arte reunidos em suas viagens pelo mundo. Na mesma hora fiquei à vontade. Os olhos de Robin faiscavam e seu largo sorriso parecia emitir raios de sol. Ela me cumprimentou e me deu um aperto de mão firme. *Essa mulher de 60 e poucos anos se conhece e está confortável com a pessoa que é*, pensei.

Quando me sentei no sofá, comecei a me perguntar por que estava ali. Gostara dela, mas minha vida andava bem naquela época. Batemos um papo, conversa-fiada, e finalmente eu disse:

– Bom, não sei direito o que estou fazendo aqui, então acho que já vou indo.

Fiquei me sentindo meio boba. Sem hesitar, ela respondeu:

– Não tem problema nenhum. Você saberá quando estiver pronta, e então voltará.

Gostei de conhecê-la, mas saí duvidando que voltássemos a nos encontrar. A vida estava boa e eu não tinha razão nenhuma para estar ali.

Dessa vez, a situação era diferente. Max morrera e minha vida virara de cabeça para baixo. Coisas estranhas estavam acontecendo. Eu precisava de orientação. Mas como descrever esses eventos para alguém que a gente mal conhece e, mesmo assim, manter um mínimo de credibilidade? Hesitante, liguei para Robin. Não nos falávamos havia sete anos, mas algo lá no fundo me dizia que eu estaria a salvo com ela e que ela me aconselharia sem julgamento nem ceticismo. Igualmente importante era que ela tinha fama de ser uma confidente digna. Encontrei-me com ela algumas vezes e a consultei por telefone.

Nos últimos 35 anos, Robin vem realizando seminários e orientando grupos para aumentar a confiança na sabedoria interior e a prática de ver o Amado em tudo. Um pressuposto básico desse trabalho é que a existência tem várias camadas.

Mulher excepcional, de talento e experiência extraordinários, Robin se lembra, quando pequena, de se comunicar com a avó depois de morta. A mãe de Robin ficou muito perturbada e logo desestimulou a filha. Mas depois, quando estava terminando a graduação em Radcliffe, Robin teve outra experiência que a convenceu de que há mais do que pensa a maioria. Ela estava fazendo uma prova oral e o professor pegou um ponto sobre o qual ela sabia quase nada. Mais tarde, as respostas e o desempenho dela foram descritos como brilhantes. A única explicação, decidiu ela, foi que só podia estar lendo a mente do professor, usando telepatia. Como ela diz brincando hoje, "quando lemos a mente de alguém, ficam achando que somos brilhantes".

Depois da faculdade, Robin se casou e teve filhos. Mudou-se para Nova York e começou a dar aulas no Harlem. Seu interesse pela Educação a levou a estudar o cérebro. Ela frequentou reuniões na Orton Society (hoje, Associação Internacional de Dislexia) e continuou a trabalhar com crianças para estudar o processo de aprendizagem. Logo depois foi aceita no programa de doutorado em Educação da Universidade de Colúmbia. Posteriormente pediram a ela que se retirasse, porque, como explicou sua orientadora, que era chefe do departamento, "uma de nós tem de sair".

Essa divergência de opiniões começou quando Robin estava apresentando um seminário. Ela distribuiu folhas de papel e pediu a todos que fizessem uma escultura. Era um exercício para explorar a liberdade. A reação da universidade foi: ótimo, mas não aqui. Ela saiu acreditando que a academia não aprovava o aprendizado experimental. "Todos ensinam do mesmo modo que aprenderam, e nada muda", disse Robin.

Ela não viu saída em Colúmbia e pediu transferência para a Universidade Fairleigh Dickinson, onde terminou o doutorado em Educação e começou a dar aulas sobre a base neurológica do aprendizado. Sua mãe dirigia um centro da Nova Escola em

Nova York, onde Robin conheceu a famosa professora, escritora e estudiosa Jean Houston, fundadora do Movimento do Potencial Humano, que explora as possibilidades ilimitadas da mente. Houston trabalhou com nomes admiráveis, como o psicanalista Carl Jung, o inventor Buckminster Fuller, o escritor Aldous Huxley e alguns astronautas americanos. Robin e Jean começaram uma longa amizade e uma parceria de 10 anos na realização de palestras e seminários.

Robin morou em Nova York até os 40 anos. Numa noite chuvosa, um táxi a atropelou quando ela atravessava a rua. Ela se lembra das características clássicas de uma experiência de quase morte, de deixar o corpo e flutuar no alto, observando o acontecimento se desenrolar. Robin conta que viu Deus, embora nunca tivesse ido à igreja. Nos seis meses que se seguiram, viveu num "mar de amor", como ela mesma descreve. Pessoas do país inteiro foram ajudá-la, porque não conseguia se mexer. Ela acabou se recuperando. Hoje sua crença mais forte é que Deus é conhecível e não conhecível e que é a fonte de tudo o que existe.

Com 40 e poucos anos e uma bolsa de pós-doutorado da Universidade do Alabama, Robin foi assistente de Joseph Campbell, famoso mitólogo e autor de *O poder do mito* e *O herói de mil faces*, no sul da Califórnia. Ela se apaixonou pela cidade de Ojai. Lá, fundou um centro educativo e espiritual chamado Hamsayeh, palavra persa que significa "a sombra compartilhada do muro".

Robin decidiu conhecer lugares onde eventos que consideraríamos mágicos acontecem sem que praticamente ninguém se espante. Ela passou cinco anos na Índia e na Indonésia. Conta que aprendeu muito, mas percebeu que sempre seria uma "visita", e "visitas" são incapazes de provocar mudanças. Então voltou para a Califórnia, dessa vez para Sacramento.

O conhecimento e as experiências espirituais de Robin não têm nada a ver com os meus. Além de meu entendimento da vida após a morte se limitar à minha criação presbiteriana, eu trabalhava num ramo que era terreno fértil para o ceticismo sobre quase qualquer assunto. O setor jornalístico exigia um comportamento e um estilo de vida profissionais e tradicionais (vejam meu disfarce na livraria alternativa). Os jornalistas até podem ser excêntricos, mas o lado empresarial da administração de jornais, não.

Só que, sem dúvida, em quatro décadas de vida adulta, eu aprendera que havia pontos de vista espirituais mais esotéricos – principalmente por morar na Califórnia. E graças aos meus pais, que priorizavam a educação, e à minha carreira, eu sentia que curiosidade, conceitos novos e crescimento pessoal davam valor ao trabalho e à vida. Estava aberta para ouvir o que Robin tinha a dizer.

Ela me ensinou que a fronteira entre vida e morte é menos rígida do que nos levaram a acreditar. Quando conversamos sobre outra dimensão, ela acredita que está aqui mesmo; só não conseguimos vê-la. Ela diz: "Você pode dizer o quanto quiser sobre o cérebro, mas é como falar sobre um rádio. É apenas um receptor; ele não faz a programação original."

Um professor lhe disse um dia que, quando alguém nos dá uma pedra, essa pedra tem energia. Não a aceite se não quiser a energia. Todas as coisas têm energia. O que é energia? É tudo. Quando concentrada, a forma acontece.

Robin confirmou minha sensação de que eu não precisava temer os acontecimentos que se seguiram à morte de Max. Ela acreditava que eu estava vendo algum aspecto de Max. Acreditava que alguma parte dele havia ficado presa ou se perdera, incapaz de achar o caminho.

Robin descreveu essas ideias, que lhe vêm "mais como a sensação de receber uma enorme ajuda". Elas se manifestam em seu corpo quase como um formigamento. Ela se sente guiada, mas não por um guia. É algo que apenas sabe. As fronteiras entre os níveis ficam transparentes. Na última vez que a visitei, ela me lembrou que, quando crescemos, todos nós adquirimos filtros que dificultam ou neutralizam nossa capacidade de escutar o mundo dos espíritos que está à nossa volta. Seu conselho de despedida foi: "Preste atenção."

Eu era nova nisso, e incrivelmente sortuda por conhecer alguém do calibre de Robin como minha primeira exposição a um líder espiritual. Além de extremamente culta e instruída, ela era sincera e bem-intencionada. Confiei nela e a respeitei imediatamente. E ela nunca me decepcionou.

Mas, como na maior parte das coisas da vida, nem todo mundo que trabalha em determinado campo é o melhor no que faz. Qualquer um pode afirmar possuir poderes e capacidades. Isso não significa que possua. E pode fingir que é bem-intencionado. Isso não significa que seja. Bem no começo de minha jornada, fui ingênua ao pensar que não encontraria charlatães. Na verdade, encontrei. Ainda bem que foram poucos.

Um exemplo foi uma sessão com um "curador energético" de São Francisco. Tinha ouvido falar do sujeito por um "amigo de um amigo" e telefonei para marcar uma hora. Expliquei que queria conversar com ele sobre seu trabalho e, dependendo de como tudo corresse, agendar uma sessão. Não tinha intenção de discutir minha experiência pessoal. Estava apenas querendo me instruir e descobrir as ofertas existentes nesse curioso mundo novo que estava investigando. Como na livraria Nova Era, estava intimidada pela falta de conhecimento.

Nosso encontro foi marcado para uma manhã de sábado, e não foi fácil achar seu escritório. Fui de carro, saindo de Sacramento, e chovia muito. É claro que me perdi (algo que sempre acontece comigo), e cheguei uns dez minutos atrasada. Bati com força na porta do que parecia ser um triplex e logo me vi diante de um homem enorme. Ele vestia marrom da cabeça aos pés: camisa marrom, calça marrom, mocassins marrons. A roupa parecia um daqueles trajes cirúrgicos que se vê nos hospitais, mais parecida com um pijama do que com uma roupa comum. Só que, em vez de verde, a cor era – isso mesmo – marrom. Ele deu um sorriso cheio de dentes sob uma barba meio desgrenhada e escancarou a porta, me convidando a entrar. Fizemos as devidas apresentações e ele me levou por um hall até outra sala. Notei que não havia ninguém ali, mas supus que devia ser porque era sábado.

Quando entramos na salinha, fui imediatamente atingida por uma lufada do aroma almiscarado de incenso. Numa mesinha de vime havia uma brasa acesa dentro de um globo de vidro; era fácil ver porque a sala estava escura. A cortina da janela estava fechada e havia apenas um pequeno abajur na mesa, perto do incenso. Duas poltroninhas ficavam ao lado da mesa. O único móvel além desses era uma mesa de massagem no meio da sala. Sentamo-nos nas cadeiras e o "curador" começou a me descrever suas habilidades.

– Sou capaz de invocar um poder intangível – disse. – Pense nele como uma força da vida.

Ele explicou que era um veículo capaz de receber a energia curativa e canalizá-la para mim. Enquanto falava, notei que eu começava a suar, mas não porque estivesse com calor. Eu estava com um mau pressentimento.

– Consigo restaurar o equilíbrio e a harmonia do sistema energético do seu corpo passando a mão sobre a pele ao longo de certas vias energéticas – explicava ele.

Ele me avisou que, se algum de meus chacras estivesse bloqueado, meus órgãos internos poderiam ser afetados. Então começaríamos com a verificação dos chacras.

Ele se levantou e disse que eu precisava ir para a mesa de massagem para começar a sessão. Naquele dia, eu vestia uma calça justa de malha e uma camiseta de manga comprida, achando que talvez tivesse que me deitar caso fôssemos fazer uma sessão completa. Levantei-me da cadeira para ir até a mesa e o ouvi dizer:

– Bom, mas você precisa tirar a roupa para isso funcionar.

De repente, me senti como Totó em *O mágico de Oz*, quando Dorothy exclama: "Corra, Totó, corra!"

Em cinco minutos já estava longe dali.

O único outro incidente em que posso ter lidado com um charlatão ocorreu perto de La Jolla, na Califórnia, bem no início da minha jornada. Compareci a um casamento marcado para um sábado, no fim da tarde, e o hotel onde os convidados se hospedaram ficava perto da praia. De manhã cedo fiz uma longa caminhada pela areia e acabei indo parar na cidade velha. Perambulei pelas lindas ruas e dei com uma placa, praticamente uma tabuleta, que dizia: LEITORA E CONSELHEIRA: CARTAS DE TARÔ E LEITURA DE MÃOS. Eu tinha tempo sobrando e pensei: *Isso pode ser instrutivo.* Segui o caminho que contornava a casinha de reboco com a placa e bati à porta da frente. Uma mulher agradável, de roupas simples e cabelo escuro e ondulado, atendeu à porta, convidando-me a entrar no que parecia ser a sala de estar. Havia uma grande janela avarandada na frente, com vidraça do chão ao teto, e eu tinha uma visão clara da rua. Senti que podia relaxar. Sentamo-nos uma de frente para a outra, ela num sofazinho de dois lugares, eu numa cadeira confortável. Ela explicou imediatamente quanto cobrava pela leitura do tarô e pela leitura da mão. Eu disse que queria o tarô e lhe paguei 25 dólares. Na verdade, não estava muito interessada nisso. Estava apenas curiosa, querendo saber como ela cuidava de seu negócio, como se apresentava ao público. Ela leu as cartas – e nada do que disse batia com a minha vida. Nada. Nem me lembro do que falou. Só lembro que, quando terminamos a sessão de meia hora, ela disse:

– Posso lhe contar mais [sobre o que quer que ela tenha falado e não fazia o menor sentido] se você me pagar mais. – E "mais" era o dobro do preço da meia hora.

Não pude esperar para cair fora de lá.

Decidi que, a partir daí, só trabalharia ou me encontraria com quem fosse recomendado por alguém que eu conhecesse bem e, mais importante, que eu respeitasse e em quem confiasse.

Foi assim que encontrei Stephen Barr, um profissional do calibre de Robin. Fui apresentada a ele por uma amiga cujo intelecto e capacidade de avaliação eu admirava e que, mais do que ninguém com quem eu tivesse intimidade na época, demonstrara uma compreensão sofisticada do plano mais elevado. Conversei com ela sobre algumas experiências minhas, evitando entrar em detalhes. Queria ir com calma, para que ela se sentisse à vontade para facilmente abster-se de discutir algo que a desagradasse. Felizmente, ela entendeu na mesma hora. Sugeriu que eu marcasse uma hora com Stephen, que tinha sido de grande ajuda para ela e o marido.

No verão de 2005, fui a Tahoe City me encontrar com Stephen em seu Healing Arts Center – Centro de Artes Curativas – para a primeira das cinco visitas que ocorreriam num período de sete anos. Stephen é um homem alto, magro e bonito, com um cabelo grisalho espesso que reflete mais sua sabedoria do que sua idade (60 e poucos anos). Com olhos azul-esverdeados cristalinos, é um homem muito saudável que, além da presença física, tem uma aura que sugere uma alma antiga. Sua fala é suave, e imediatamente ele me fez sentir segura e à vontade.

Stephen parece questionar a divisão clássica entre lado esquerdo do cérebro, mais analítico, e lado direito, mais criativo: é um curador espiritual embasado nas ciências exatas. Nasceu em Cincinnati em 1948 e, quando criança, sempre lhe diziam que era sério e sensível demais. Parecia saber o que os outros estavam sentindo, mas, como ficava de castigo quando mencionava o assunto, calava-se.

Em busca de um ambiente menos conservador, saiu da cidade e foi para o Instituto de Tecnologia de Massachusetts, onde se formou em engenharia elétrica em 1970.

Entrou para o Corpo de Paz e deu aulas de matemática e ciências no Nepal. Único ocidental numa aldeia sem estrada, banheiro nem água corrente, ele se surpreendeu ao perceber que o povo, apesar de pobre, era feliz. No segundo ano, sua namorada e futura esposa chegou da Alemanha: fizera a viagem toda numa perua Volkswagen Squareback. Juntos, eles viajaram de carro, saindo do Nepal, passando por Índia, Paquistão, Afeganistão e Europa, uma viagem fantástica que hoje seria praticamente impossível.

Durante as longas horas de viagem, Stephen leu obras de filosofia oriental e planejou seu futuro. Precisava cuidar de questões práticas. Quando voltou aos Estados Unidos, arranjou emprego numa empresa que fazia aparelhos de biofeedback para consumidores. Como era um pequeno negócio, ocupou diversos cargos, como os de projetista e testador de circuitos, e a cobaia mais fácil era, naturalmente, ele mesmo. Como o produto que testava media ondas cerebrais, ele deparou com o ponto de ligação entre a engenharia elétrica e a meditação.

O interesse pela meditação ultrapassou aquele por projetos de circuitos e ele e a mulher se matricularam na Arica School, que, ao contrário das antigas escolas de meditação e iluminação, usa métodos contemporâneos da biologia, da psicologia e da física para esclarecer a consciência humana. Na Arica, Stephen aprendeu vários tipos de meditação, massagem e trabalho espiritual envolvendo o conceito de carma. Formou-se e deu aulas lá durante vários anos.

Mais tarde, uma amiga de Stephen foi fazer um curso de acupuntura na Inglaterra e ele decidiu ir junto. Foi lá, sob a orientação do médium professor J. R. Worsley, que aprendeu o lado mental e espiritual da acupuntura.

Acabou se mudando para Lake Tahoe, na Califórnia, para um estágio com Jeffrey Kauffman, médico que incorpora abordagens holísticas à sua prática. Mas Stephen não demorou a descobrir que, naquela época, Lake Tahoe não era Boston e talvez não atendesse à sua necessidade de cultura e comunidade espiritual. Então se mudou para Marin County e enfrentou novas frustrações. Nada parecia dar certo.

A certa altura, uma amiga que não tinha carro lhe pediu que a levasse a Lake Tahoe. Durante a viagem, ele ouviu pela primeira vez sua voz interior: um retumbante *Sim*. Dessa vez ele decidiu ficar em Lake Tahoe – e mora lá há mais de 35 anos. Ele diz que não vai embora até que a voz que o guiou até lá o mande partir.

Um livro provocou um profundo impacto em Stephen: *Um curso em milagres*, de Helen Schucman e William Thetford, que traz aulas e exercícios para a prática do perdão. Ele o descreve como um caminho mental. O livro de exercícios é extenso, com mais de 1.200 páginas, e Stephen o completou várias vezes. Ele ouviu a voz interior uma segunda vez e decidiu criar, junto com a mulher, um grupo dedicado ao livro, do qual foi líder durante mais de quatro anos. Uma das coisas que *Um curso em milagres* lhe ensinou foi que a verdade é inequívoca. Como ele diz: "Quando algo tem o toque da verdade, os argumentos se calam."

Ele ouviu a voz interior mais uma vez, quando tratava uma cliente que estava prestes a viajar para a Índia para se unir a seu guru, converter-se ao hinduísmo e raspar a cabeça para poder entrar nos templos. A voz disse: "Dê-lhe algum dinheiro." Ele só tinha 10 dólares na carteira, mas lhe deu a nota como oferenda. Stephen e a mulher vinham tentando ter filhos, e conceberam sua filha em 21 de janeiro. Quando a cliente voltou da Índia, ele lhe perguntou onde estivera em 21 de janeiro e ela lhe contou que fizera sua oferenda no primeiro templo, construído em homenagem a Shakti, a consorte de Shiva, uma divindade hindu.

Como Robin, Stephen acredita que o mundo dos espíritos coexiste com este mundo. Ele acredita que os espíritos me visitaram, assim como fazem com muita gente que esteja aberta e receptiva.

Para Stephen, a marca de mão no espelho não era necessariamente de Max, mas veio de outra dimensão. Ele também me disse que, numa vida anterior, tive um problema não resolvido por não ter conseguido me despedir de um marido antes de sua morte. "Talvez", raciocinou Stephen, "isso tenha provocado essas atividades".

Em minha primeira visita, ele descobriu que minha aura – um campo luminoso que cerca todas as pessoas e é visível para alguns – se estendia além do metro ou metro e meio mais comum. O processo dele para ajudar alguém nessa situação é invocar os Poderes Divinos, ou guias, para ajudá-lo a limpar o espaço espiritual e o nível emocional de seus clientes. Ele fez isso comigo, como fez com muitas outras pessoas. Não é raro que uma limpeza desse tipo seja necessária quando se está passando pelo processo de luto.

Em outra visita, Stephen me deu um mantra para eu usar sempre que sentisse necessidade. É um mantra tibetano chamado Vajra Guru: *om ah hum vajra guru padma siddhi hum*. Explicou que recitá-lo purifica o corpo e o ambiente ao nosso redor, remove obstáculos, como problemas de saúde, e reforça aspirações positivas, como prosperidade e vida longa. O mantra também estimula a prática espiritual. Eu nunca tivera uma prática assim antes e fiquei um pouco sem jeito ao dizê-lo em voz alta. Mas deixei a timidez de lado quando percebi que era calmante de verdade.

Pedi a Stephen que me falasse mais sobre os guias e como eles trabalham.

– São sempre os mesmos guias?

– Não – respondeu ele –, parece que há vários guias designados para cada um de nós. É como um comitê, mas os membros desse comitê fazem um rodízio à medida que vamos aprendendo nossas lições de vida. Em geral, são cinco a oito guias.

– Eles têm sexo?

– Não – respondeu Stephen. – São andróginos.

– Onde estão? – perguntei.

– Nós estamos presos em três dimensões mais o tempo – respondeu Stephen. – Os guias não estão nessa caixa. Eles estão além do tempo e do espaço.

Pedi a ele que me dissesse a coisa mais importante que eu devia saber sobre os guias. Curiosamente, ele respondeu:

– Os guias costumam dizer que gostariam de nos dar mais ajuda do que pedimos. Mas não podem intervir e impor seus desejos a menos que peçamos, porque temos livre-arbítrio. Não hesite em pedir ajuda. Nada é grande nem pequeno demais, e temos de solicitar essa ajuda. Os guias só vão intervir quando forem convidados.

Stephen, como Robin, foi de grande ajuda para expandir meu modo de pensar e facilitar meu processo de crescimento. Sou muito grata aos dois.

Esta imagem ampliada mostra as letras MAX entre Tanner e eu, no barco ao fundo.

capítulo 7

Surge um padrão

Fui trabalhar com o coração apertado na segunda-feira, 8 de maio de 2006, segundo aniversário da morte de Max. Dei graças a Deus pelo *Sacramento Bee*. Foi uma bênção, em todos os sentidos da palavra. Eu adorava meu trabalho e principalmente o pessoal de lá. Sabia que seriam 24 horas tristes e penosas, mas me concentrei na rotina do jornal e fui consumida pelo trabalho durante o dia inteiro.

Por volta das 7 da noite, voltei para casa. Naquele dia, Tanner estava na casa do pai. Entrei em casa pela garagem, como costumava fazer. Isso fazia com que eu passasse pelo banheiro que Max usara, o mesmo banheiro onde Tanner e eu tínhamos visto a marca de mão exatamente um ano antes. É óbvio que tive que olhar. Minha mente dizia: *É claro que não vai acontecer de novo. Não uma segunda vez. Não é possível.*

Olhei e fiquei estarrecida com o que vi.

O espelho tinha imagens de novo, dessa vez uma forma um tanto indistinta. Eram compostas do mesmo pó da outra. Rapidamente peguei minha câmera e tirei algumas fotos. Quando eu olhava o espelho, a imagem maior à minha direita parecia um anjo, de formato semelhante ao daqueles que ficam no alto da árvore de Natal, com asas perfeitas saindo dos lados. Era bonito e gracioso. No meio, um pouco mais alto, havia uma pequena imagem, como um anjo "bebê" de asas abertas, parecendo flutuar. Mais no alto, à esquerda, havia uma terceira imagem que lembrava um passarinho de bico redondo.

Eu sabia que as imagens em pó eram reais, apesar de não ter certeza do que eram. Também sabia que agora isso constituía um padrão. Nas duas vezes, as imagens tinham aparecido no aniversário da morte de Max. Fiquei arrasada. Uma parte de mim queria mantê-las no espelho. Afinal de contas, como lhes dar as costas – a elas ou a ele, se fosse Max? Mas também sabia que já tinham se passado dois anos desde a morte de Max e eu tinha conseguido fazer alguns progressos, levando a vida adiante.

Deixei as imagens lá na segunda e na terça. Mostrei-as a Helen na manhã de quarta-feira, e a percepção dela foi diferente. Ela achou que parecia que uma pessoa teria posto as mãos em concha nos lados do rosto, contra o espelho, para proteger os olhos e se aproximar do vidro, talvez pelo outro lado. Mas também admitiu que duas imagens podiam ter mesmo o formato de anjos. Antes de sair naquela manhã, eu mesma as lavei com limpa-vidros. Sabia que um milagre estava acontecendo, mas continuava ter ideia sobre o que deveria fazer.

Logo eu conheceria alguém que me ajudaria a avançar em muitos aspectos.

No verão seguinte à segunda ocorrência de imagens no espelho, comecei a considerar a possibilidade de conhecer alguém. Acho que toda mulher que tenha começado a procurar um namorado depois dos 50 concordaria comigo: não é fácil nem divertido. Ao contrário: é difícil e assustador. Mas eu sentia falta de companhia masculina, e ir sozinha aos eventos era sempre um lembrete de que eu estava... sozinha. Então decidi mergulhar de cabeça e perguntar a alguns amigos se conheciam alguém a quem pudessem me apresentar. Adivinhe só? Eles conheciam.

Num dos casos, fui apresentada informalmente a um "candidato" pelo amigo de um amigo.

– Só dê uma olhada – disse ele. – Se gostar do que vir e descobrir, arranjo as coisas.

E lá fomos nós para um jantar em São Francisco onde eu deveria "observar o candidato". Ele parecia muito uma batata assada com mocassins embaixo. Não que eu seja uma beldade, e não que a aparência seja tão importante assim. Mas a atração tem que começar em algum lugar, não é?

Depois disso fiquei um pouco reticente. Até que um de meus amigos mencionou Jim Durham, um homem que eu já conhecia. Mais de um amigo me dissera que Jim e a esposa tinham se separado e estavam se divorciando. Disseram que era um sujeito impressionante. Inteligente, bem-sucedido, que adorava ler, com dois filhos muito legais e que amava a vida ao ar livre – foi o que meus amigos me disseram.

Ah, e é bonitão, acrescentaram. Essa parte eu já sabia. Max e eu conhecíamos Jim e a esposa. Era comum encontrá-los com a família dela em vários eventos comunitários de Sacramento. Às vezes, Max, Tanner e eu topávamos com eles num restaurante local e parávamos para bater papo.

Com os amigos me estimulando, liguei para Jim. Disse-lhe que Tanner, que estava no primeiro ano do ensino médio, estava cogitando faculdades tanto na Costa Leste quanto na Califórnia. Eu sabia que os dois filhos de Jim tinham ido para universidades na Costa Leste depois de terminar o ensino médio na Califórnia e perguntei a ele se valeria a pena Tanner considerar essa opção. Conversamos durante cerca de meia hora e ele foi muito simpático e prestativo. Tomei notas. Mas só no final da conversa ele me deu a informação mais importante e me falou do divórcio.

Foi a minha deixa. Mais tarde, Jim me diria que sou uma das melhores "pescadoras de isca" que já conheceu, apresentando cuidadosamente a isca (eu) diante de uma truta desavisada (ele) para fisgá-la no anzol.

Durante o telefonema perguntei se ele se lembrava de Tanner, que tinha 10 anos na última vez que o vira.

– Gostaria de ver uma foto do rapaz em que ele se transformou? – perguntei.

– É claro que sim – respondeu Jim.

Algumas semanas antes, um dos fotógrafos do *Bee* tirara uma foto minha e de Tanner num jogo de basquete dos Sacramento Kings. Tanner, prestes a completar 16 anos, se tornara um rapaz muito bonito. Eu estava sentada a seu lado. Nenhuma mulher gosta de se ver em close, num espelho ou numa fotografia, depois dos 50 e poucos, mas essa foto milagrosamente destacava o que me restava de atraente! (É espantoso o que esses fotógrafos profissionais conseguem fazer com suas câmeras de última geração.)

Mandei a foto para Jim. Quinze dias depois, ele me convidou para jantar. A isca foi perfeita e a truta foi fisgada.

Nunca pensei que voltaria a encontrar um amor verdadeiro. Mas Max previra que, além de me apaixonar de novo, eu seria mais feliz do que nunca, porque, como ele disse, "estaria lá". Entendi que nosso amor duraria mesmo depois de sua morte. Não percebi que talvez ele quisesse dizer que nosso amor mudaria e me deixaria pronta para amar de novo.

Quando encontrei Jim em nosso primeiro jantar no restaurante Piatti, perto de casa em Sacramento, no verão de 2006, senti uma imensa atração por ele desde o início. A química entre nós foi instantânea. E essa é uma sorte e tanto. A química acontece ou não. Não dá para forçar.

Apaixonei-me por Jim naturalmente e permaneci irremediavelmente apaixonada desde então. Amigos íntimos me perguntaram muitas vezes como conciliei o amor que sentia por Max com o novo amor que descobri com Jim. Queriam saber se eu abandonara o amor por Max para ficar livre para amar Jim. "O que o fato de se apaixonar tão intensamente por Jim quando ainda amava

Max, falecido havia pouco mais de dois anos, revela sobre você?" Boa pergunta.

Nos primeiros meses depois da morte de Max, fiz terapia para lidar com o luto. Ouvi que um velho ditado diz que, após a morte do cônjuge, "as mulheres choram, os homens substituem". Não sei o que eu deveria fazer ou o que a sociedade considera a norma. Só sei o que meu coração me disse na época e agora. Acredito que o amor é infinito e ilimitado. O coração não divide, multiplica. E, quando se tem a sorte de reencontrar o amor, não há opção senão correr atrás dele. Não é para isso que vivemos?

A partir daquele primeiro jantar, ficávamos juntos sempre que era possível. Jim morava metade do tempo em Sun Valley, em Idaho, e outra metade em Dallas, no Texas, onde era CEO da empresa que abrira três anos antes. Eu estava soterrada em minhas responsabilidades no *Bee*. De quinze em quinze dias e às vezes com mais frequência, Jim também viajava de Idaho à Califórnia no fim de semana. Ficávamos em Sacramento ou em Yountville, curtindo os amigos e a família.

O melhor de tudo foi que Jim me fez sorrir de novo, algo que eu esquecera nos dois anos anteriores. Como disse o reverendo Jesse Vaughan a Jim quando se conheceram: "Você devolveu a luz aos olhos de Janis." E foi isso mesmo o que aconteceu.

À medida que as perspectivas de nossa nova vida começavam a tomar forma, os acontecimentos extraordinários continuaram. Jim e eu conversávamos regularmente pelo telefone. Certa noite, atendi ao telefonema dele no quarto, mas a ligação caiu um minuto depois. Jim ligou de novo e atendi no mesmo aparelho. Logo depois a ligação caiu outra vez. Felizmente Jim telefonou de novo, e dessa vez atendi no telefone da cozinha. A ligação caiu uma terceira vez. Na manhã seguinte, Jim ligou para mim no escritório e disse que não encontrara problema nenhum em seu telefone e que achava que havia algum problema no meu. Chamei a companhia telefônica para verificar os aparelhos. Fui para casa acompanhar os técnicos que inspecionavam todo o sistema, que disseram não ter descoberto nada errado.

Uma das muitas coisas que Jim e eu temos em comum é a paixão por Napa Valley. Num fim de semana espetacular de outono, ele sugeriu que fôssemos até lá para relaxar e fazer caminhadas. Fomos no carro dele, com ele dirigindo, e pegamos a autoestrada 29, saindo de Yountville para o norte, rumo a Santa Helena. Quando estávamos chegando a Santa Helena, notei um hotel à esquerda e contei a Jim que Max costumava se hospedar ali quando ia a Napa antes de me conhecer. Ele adorava o lugar pela simplicidade e pela localização. Ao passarmos em frente, do nada, o rádio do carro de Jim começou a tocar aos berros. Ele ficou surpreso e deu uma olhada, tentando encontrar a causa daquilo. Finalmente, desligou o aparelho. Nós nos entreolhamos, como se disséssemos: É, isso foi esquisito.

Na volta para Yountville, passamos pelo mesmo hotel. O rádio ligou sozinho de novo. Dessa vez, dissemos o que estávamos pensando. "Como foi que isso aconteceu? Qual seria a probabilidade?" Quando voltou a Sun Valley, Jim levou o carro à autorizada para verificar o rádio. O gerente disse a Jim que nunca ouvira falar de coisa parecida e afirmou que o rádio estava funcionando perfeitamente.

Quando contei a Jim os fatos que se seguiram à morte de Max, estava muito nervosa. Não surpreende que estivesse com medo de que ele pensasse que a mulher que estava namorando havia seis meses era louca. A preocupação era racional. Jim era formado em engenharia pela Universidade da Flórida, com mestrado em Finanças pela UCLA. Também era contador, além de CEO da empresa. Em resumo, seria a última pessoa a engolir um fato que não fosse objetivo e quantificável. Quando lhe contei a história e lhe mostrei algumas fotografias, ele não me decepcionou.

– Isso me parece meio doido – disse ele.

Mas pelo menos continuou telefonando.

Ele sabia que eu estava com medo de que ele me achasse maluca. Jim nunca vivera nem se interessara por nada tão fora do comum, mas "estava aberto a tudo", como me disse depois.

Acho que o fato de Jim ter conhecido Max e nutrir muito respeito por ele ajudou. Os dois nunca conversaram muito, mas Jim achava que entendia Max como homem e sempre gostara dele.

Aqueles dois eram extraordinariamente parecidos. Jim, como Max, é inteligente, delicado, cuidadoso, apaixonado e amoroso. É o homem mais forte que já conheci. Nunca o vi com medo de nada (bom, a não ser talvez da minha comida).

Jim ama música clássica e me apresentou a uma de suas paixões, a Sun Valley Summer Symphony. Ele adora ópera, e certa vez foi figurante numa produção de *Aída* da San Francisco Opera. Também adora vinho e tem uma coleção impressionante em sua adega de Sun Valley. E lê sem parar - muito, o tempo todo. Lê quase exclusivamente não ficção, boa parte sobre religião. Mas não é inteiramente como Max. É faixa preta de tae-kwon-do, ávido pescador, caçador e marinheiro entusiástico e adora caminhadas pelas montanhas.

Em outubro de 2007, Jim me convidou para passar meu aniversário em Sun Valley e me preparou uma festa surpresa, em que conheci alguns de seus melhores amigos. Não demorei para me apaixonar pelo lugar. Num lindo dia de outono, caminhávamos pela trilha do lago Baker, ali perto, admirando os desfiladeiros maravilhosos, os riachos murmurantes e a paisagem de tirar o fôlego, quando Jim me surpreendeu com uma pergunta que nunca me passara pela cabeça:

– Já pensou em se aposentar?

Parei de repente. O vento soprava suavemente pelos choupos e pinheiros, e senti o coração bater com força no peito. Fitei os tênis um minuto antes de erguer os olhos e encontrar os dele.

– Como eu poderia parar de trabalhar? Trabalhar é o que faço. É o que sempre fiz – respondi, na defensiva.

Era claro que eu me agarrava ao emprego porque era algo estável que eu não tivera que mudar depois que Max morreu e eu tinha me esforçado para me manter à tona. Mas estava errada sobre mudanças. A mudança era o caminho do meu crescimento espiritual, e evitá-la seria impossível.

Surgem anjos no espelho do banheiro de minha casa em Sacramento no dia 8 de maio de 2006, no segundo aniversário da morte de Max.

capítulo 8

Max está tentando falar comigo?

Administrar um jornal em 2007 era um desafio sem precedentes, com a economia em declínio e a concorrência da internet acabando com nossa publicidade. Estávamos cortando custos e, com isso, vieram as inevitáveis demissões, que afetam a vida das pessoas de forma dolorosa.

Felizmente, a McClatchy Company e, por extensão, o *Sacramento Bee* tiveram cautela e consideração no decorrer do processo. A empresa era conhecida pela tradição de se preocupar com os funcionários e tratá-los de maneira justa. Eu estava grata por trabalhar numa cultura na qual caráter e valores eram importantes. Tinha certeza de que tomaríamos decisões difíceis com compaixão e generosidade.

Em 21 de fevereiro, um dia antes do aniversário de Jim, meu pai morreu, aos 89 anos. Ele sofria havia alguns anos de câncer de próstata, que, infelizmente, se espalhara pelo corpo inteiro. Sentia dores intensas. Sabíamos que não lhe restava muito tempo, e meu irmão Kurt e eu fomos para McCook, Nebraska, para ficar com mamãe e papai e nos despedir dele. Meu irmão Brian e minha irmã Signe vieram pouco depois, para também lhe prestar homenagem. Foi a última vez que o vimos. Ele morreu pouco depois de nossa visita.

Quando Kurt e eu chegamos à residência de idosos onde nossos pais moravam, fiquei tão preocupada com mamãe quanto com papai. Para mim, isso era muito incomum. Durante a maior parte da vida, foi em papai que pensei primeiro, era dele que eu mais cuidava e era com ele que me preocupava. O que seria aquela preocupação repentina com mamãe? Talvez fosse empatia genuína. Pela primeira vez, eu sabia exatamente como ela estava se sentindo. Sabia pelo que passava vendo-o morrer aos poucos, o que ela enfrentaria no dia em que ele partisse e como se sentiria nos meses e anos seguintes. Talvez agora eu fosse capaz de ajudar.

Mamãe abriu a porta, claramente aliviada por nos ver. Chorou um pouquinho quando nos abraçou e pude sentir que ela estava cansada e confusa. Estávamos ansiosos para ver papai e fomos imediatamente para o quarto. Lá estava ele, frágil e enfraquecido, dormindo tranquilamente. O contorno de seu corpo encolhido debaixo dos lençóis me fez perder o fôlego. Era tão parecido com Max nos últimos dias... Detestei ver papai daquele jeito, da mesma maneira como detestara ver Max assim. Mas pelo menos papai gozara uma vida longa, em vez de ser ceifado aos 56 anos. Por mais doloroso que seja, é de se esperar que sejamos testemunhas da morte dos nossos pais. É natural. A morte prematura não é.

Preferimos deixar papai dormir e voltamos na ponta dos pés para conversar na sala. Enquanto mamãe e Kurt começavam a discutir os detalhes dos cuidados com papai, pus-me a examinar seu pequeno apartamento. A situação parecia bem caótica. Havia caixas abertas com livros ao lado de papéis variados e reportagens de jornal em grandes pilhas, sem ordem aparente. Fotografias de família estavam em caixas grandes e pequenas, em cima das mesas e dos móveis, sem deixar nenhum espaço sequer para outras coisas. O lugar estava praticamente claustrofóbico.

No canto do olho, algo me chamou a atenção. Era uma caixa de papelão de tamanho médio, no chão da sala de jantar, ao lado da mesa. Havia coisas verdes e vermelhas saindo dela. Fui até lá e me sentei numa cadeira para espiar seu interior. E foi quando vi.

Era o horrendo enfeite de Natal que tínhamos quando todos morávamos em casa, na década de 1950. Acho que mamãe e papai o compraram num brechó da igreja. Era feito com cerca de uma dúzia de copos de plástico transparente, de uns 10 centímetros, que imitavam as pequenas cúpulas de um candelabro, frouxamente amarrados com uma cordinha fina. Entrelaçados de um jeito frenético, havia dois fios de luzinhas natalinas, um verde, outro vermelho, tudo embolado, com as lâmpadas se projetando ao acaso. *Céus, o que essa coisa está fazendo na sala de jantar?*, pensei. Recostei-me na cadeira e respirei fundo. Não era ao plástico que ela estava se agarrando; era às lembranças de Natal. Senti uma pontada no coração.

Mas a pontada não durou muito. O feitiço se quebrou quando ouvi mamãe, com sua voz alta e estridente, se agitar. Ela falava animada com Kurt, sem notar nem se importar quando ele tentava interromper, o que era típico. Estava dizendo algo sobre o peso de uma das funcionárias cuidadoras, na opinião dela muito gorda, que os visitara no dia anterior.

– Não entendo onde eles arranjam essa gente – dizia. – Como é que deixam ela ficar tão gorda e vir aqui? Como é que ela vai nos ajudar se nem consegue andar dentro do apartamento?

Não importa se até Twiggy teria dificuldade para se esgueirar naquele apartamento minúsculo lotado de bugigangas. Era uma corrida de obstáculos. *Por que mamãe é sempre tão crítica? Por que não consegue apenas apreciar o maravilhoso serviço prestado pelos cuidadores?*

Não dava para me segurar. Eu recaía nos antigos hábitos e ficara decepcionada com mamãe em vez de ajudá-la quando ela mais precisava de mim. Disse a mim mesma para deixar aquilo para lá. Eu sabia que aquele momento era importante, muito importante, porque também passara por aquilo e entendia que não teria conseguido sem o apoio dos meus entes queridos.

Mamãe estava mais tensa e agitada do que nunca. Quem não estaria? Ela estava sob imensa pressão, não só por lidar com a morte iminente de papai como com os detalhes de seu tratamento até lá. Fui até o sofá e me sentei para participar da conversa. Claro, uma parte de mim desejava tapar os ouvidos, mas minha parte mais madura entrou na jogada e, juntos, nós três começamos a fazer um plano.

À noite, papai acordou e pôde se reunir conosco na sala. Enquanto se arrastava lentamente pela sala de pijama e chinelos, fitei sua cabeça calva e seus ombros curvados. Estava magérrimo, frágil, pequenino. O rosto estava sem cor, os olhos pareciam vazios, perdidos. Reconhecia essa condição muitíssimo bem. O câncer e os analgésicos o haviam roubado, do mesmo jeito que fizeram com Max. Somente um fragmento real dele estava presente. E, naquele exato momento, soube que minha última oportunidade de ter uma conversa significativa com ele já passara.

Enquanto ele se instalava em sua poltrona, lembrei que ele nunca saberia da marca de mão. Eu estragara tudo. Demorara demais para lhe contar. Lidar com meu luto e suprimir aqueles acontecimentos era mais importante que contar a ele ou a qualquer outra pessoa naqueles primeiros anos. Então o câncer de papai surgiu e eu não quis me arriscar de jeito nenhum a preocupá-lo nem deixá-lo nervoso. Agora sua doença avançara muito e era tarde demais.

Passamos a noite discutindo detalhes dos aspectos práticos de sua morte iminente. Papai insistiu em falar sobre sua pensão, muito embora esse assunto já tivesse sido tratado. Reiterou sua preocupação com mamãe, onde ela moraria, apesar de tudo já estar combinado. Estava preocupado com as caixas (é, mais caixas) guardadas no depósito e como as juntaríamos para mamãe.

Não dava para não me decepcionar. O pai que eu conhecia não era quem víamos naquela noite. Então me lembrei que foi parecido com Max. Não era ele mesmo nos últimos dias antes de morrer. Exatamente como papai agora, não parecia estar inteiro ali. Mas Tanner e eu tratamos Max como se estivesse conosco até o finalzinho. Agora Kurt, mamãe e eu precisávamos nos comportar do mesmo jeito com papai. E conseguimos. Deixamos que falasse o quanto quisesse sobre os temas que escolheu. Foi a última coisa que pudemos lhe dar. Prometemos que cuidaríamos de tudo que fosse necessário com mamãe, e ele pareceu aliviado.

Nos dias que se seguiram, papai praticamente só dormiu. Mamãe, não. Quanto mais quieto ele ficava, mais exagerada parecia a personalidade dela. Isso não era positivo nem essa dinâmica era fora do comum, levando-se em consideração um padrão que já durava quase seis décadas. Mas comecei a notar uma rachadura miudinha no reboco quando percebi que, na verdade, eu conseguia lidar com a situação. Em vez de me descontrolar e me fechar no meu canto a cada assunto que discutíamos, recuei e lhe dei espaço. Não importava que as caixas estivessem por toda parte, nos fazendo tropeçar o tempo todo. Quem se importava? As caixas eram dela. A casa era dela. Ela estava perdendo o marido. Fiz "boca de siri". Minhas observações ainda estavam na cabeça, mas, em vez de escapulirem, ficaram onde estavam. Não estava na hora de brigar. Longe disso. Eu conhecia bem demais a agonia, o medo, a angústia que ela estava sofrendo.

No dia em que fomos embora, Kurt e eu entramos em silêncio no quarto de papai para lhe dizer adeus. Sabíamos que seria a última vez. Em pé ao lado deles quando Kurt se curvou para beijar o rosto de papai, notei que suas mãos eram idênticas. Kurt, que tem um coração imenso, tentava segurar a emoção; a dor que sentia era palpável. Ele disse a papai que o amava e recuou bem devagar. Entrei no espaço que ele deixou e me ajoelhei para me despedir. Notei que mamãe chorava no canto. Percebi de repente que o espetáculo expansivo e comum de suas emoções havia ido para o fundo do palco e dera lugar a algo bem mais reservado. Voltei minha atenção para papai, beijei-o e lhe disse que o amava. O que mais se pode fazer quando alguém que amamos vai morrer? É tudo que nos resta dizer e fazer. É um privilégio. E passa num instante.

Naquela mesma manhã, Kurt e eu fomos para casa separadamente. Ele foi para Seattle, eu voltei para Sacramento. A viagem de avião me deu o tempo de que precisava para refletir sobre o que acabara de acontecer. Pensei em papai não só como ele estava dessa vez, doente, ausente, mas como fora durante quase toda a minha vida. Recordei nossas conversas, a conexão que tínhamos, o exemplo que ele foi para mim. Sabia que o amor que ele sentia pela família era o alicerce das nossas vidas à medida que crescíamos e virávamos adultos. É o que passamos aos filhos. Como avaliar uma coisa dessas? Isso é tudo.

E me senti inundada de gratidão, não de tristeza. Achei um pouco estranho não estar tão triste assim. Talvez fosse porque papai tinha 89 anos e tivera uma vida longa e plena. Ou seria possível que, devido ao que passara com Max, eu conseguia agora lidar de um jeito mais positivo com a morte de papai? Minhas convicções sobre a morte estavam mudando. Eu estava percebendo (mais uma vez) o poder do amor. Como um amor tão forte poderia morrer? Será possível que a rede de amor incondicional que experimentamos na vida se estende para além de nosso entendimento humano e que a alma ou espírito seja uma manifestação desse amor? Eu estava ficando cada vez mais segura de que o amor é a base do que mais importa na vida.

Cerca de um mês depois que papai morreu, tive um sonho bem vívido – ou talvez tenha sido uma visita dele. Não tenho certeza. Acordei no meio da noite e ele estava sentado numa cadeira dobrável de metal, ao pé da cama. De pernas cruzadas, estava bonito e forte de novo, como na época em que eu era menina.

Usava um terno preto, uma camisa branca bem passada e gravata de cor viva. Não falou nada. Só me olhou e sorriu. Nossos olhares se encontraram. O que ouvi, embora não viesse de uma voz, foi *Estou bem*. E então ele sumiu.

Assim como Max confiara na família e nos entes queridos para guiá-lo no período mais sombrio de sua vida, foram a família e os entes queridos que me guiaram pelos desafios de 2007. Os dois pontos mais luminosos de minha vida foram Tanner e Jim. Não sei o que faria sem eles. Jim e eu nos víamos regularmente e conversávamos por telefone toda noite quando não estávamos juntos.

Estávamos começando a cogitar um compromisso sério. Pelo menos, essa é a minha versão da história. De acordo com Jim, eu estava me preparando para anunciar que íamos nos casar. E achei que um "plano quinquenal" seria necessário. Muito séria, certa noite apresentei a ele um planejamento desses no bar do restaurante Campton Place, em São Francisco. Ele ficou sem palavras. Mas essa é outra história.

No entanto, Max ainda parecia estar em minha vida. Seria possível que Max estivesse preso e não conseguisse seguir em frente? Já tinha ouvido falar que, às vezes, um amor forte demais pode impedir que o espírito deixe a pessoa que ama e vá para a luz. De vez em quando, o telefone de casa (o mesmo que a companhia telefônica declarara funcionar perfeitamente) ainda cortava as ligações quando Jim e eu conversávamos por interurbano. Quando estávamos juntos, as luzes continuavam a piscar. Era difícil não supor que fosse Max.

Jim agora testemunhava todos esses fenômenos. A certa altura, num fim de semana em que estávamos em Yountville, recebi um telefonema da empresa de alarmes dizendo que o detector de movimento da casa em Sacramento havia disparado. As janelas e portas não tinham sido abertas. Os representantes da empresa disseram que ninguém tinha entrado na casa, mas que "algo" no corredor o ativara. Eu sabia que não havia ninguém lá, porque Tanner viajara para um jogo de rúgbi com os colegas. Talvez fosse uma falha do sistema (embora, ao verificar depois, a empresa não encontrasse nenhum problema). Mas era estranho, porque o detector de movimento ficava no corredor, diante do meu quarto. O mais significativo foi isso acontecer na data em que Max e eu tínhamos nos casado, sete anos antes.

E os fios dourados voltaram a me visitar. Certa manhã, na garagem, entrei em meu carro, pronta para ir trabalhar, e o para-brisa estava coberto com os mesmos fios dourados que eu vira na banheira. Só que, dessa vez, estavam por toda parte. Deviam ser uns 50. E, como antes, eles sumiram quando os toquei.

Agora eu podia compartilhar esses acontecimentos com Jim, e estava aprendendo que as coisas que antes considerava inacreditáveis eram reais. Eu não estava com medo, nem Jim. Às vezes, ele achava aquilo tudo desconcertante, mas em geral ficava fascinado e cada vez mais curioso.

Em 5 de maio de 2007, um sábado, Tanner e eu fomos convidados por uma boa amiga e seu marido para um jantar informal em sua casa. Eles sabiam que o terceiro aniversário do falecimento de Max se aproximava e que Jim estava viajando. Então fizeram o convite como um gesto de carinho.

Durante o ano que se seguiu à morte de Max, usei nossa aliança numa correntinha de prata no pescoço todos os dias. No primeiro aniversário da morte, achei apropriado tirá-la e guardá-la permanentemente em minha caixa de joias. Mas, não sei por que razão, naquela noite de sábado específica, tirei-a da caixa e a coloquei no dedo. Quando voltei do jantar, esqueci de tirá-la e dormi com ela. Na manhã seguinte, fui preparar o café da manhã de Tanner e entrei no banheiro de hóspedes (é, aquele) porque ficava mais perto da cozinha.

Inacreditável! Estava acontecendo de novo!

Dessa vez, a marca era de uma mão esquerda, e não a direita que Tanner e eu tínhamos visto no primeiro aniversário da morte de Max. E era muito maior do que a mão já considerável de 2005. A parte da palma era mais robusta, com os dedos aparentemente amorfos, não tão controlados e bem definidos como a primeira imagem de 2005, que parecia uma radiografia.

Agora os dedos iam se afinando numa ponta que se estendia bem além de um dedo normal. Para mim, parecia que havia energia fluindo da ponta dos dedos. Essa marca de mão parecia uma progressão, uma perda gradual de forma, se comparada à primeira. Se fosse Max, talvez ele estivesse mudando. Ao lado da mão havia, aparentemente, fragmentos de asas, parecidos com os que eu vira nas imagens de anjos de 2006. As marcas pareciam feitas com o mesmo pó das outras.

Como em 2005, quando descobri a mão no espelho, e em 2006, com os anjos, a princípio me espantei. Mas fiquei menos chocada porque era a terceira vez. Eu estava me tornando menos assustada e mais inquisitiva, aceitando mais. Em vez de gritar histericamente chamando Tanner até o banheiro, voltei calmamente para a cozinha, onde ele estava sentado à mesa lendo a seção de esportes do *Bee*.

– Você não vai acreditar, Tanner.

– O que é, mãe? – respondeu ele sem erguer os olhos. (Na época ele estava com 17 anos, não os 15 que tinha quando vimos a imagem pela primeira vez.)

– Ela voltou. A mão no espelho voltou. Só que é maior e... e...

Tanner não esperou que eu terminasse. Pulou da cadeira e deu os poucos passos até o banheiro. Fui logo atrás, mas ele crescera tanto que seu corpo bloqueou a porta. Não pude ver sua expressão. Então ele se virou para me encarar e estava visivelmente perplexo.

– Mãe, não é possível. Não entendo. Será que é Max? Porque só faltam dois dias para 8 de maio. O que será que ele está tentando nos dizer? Será que está perdido?

– Adoraria saber a resposta. Não sei. Mas desconfio que é ele, sim, querendo que a gente saiba que ainda está por aqui. O que acha dessa marca de mão em comparação com a outra que vimos primeiro?

– Ah, é bem diferente. A palma é muito maior. E os dedos parecem chamas pequenininhas de velas de aniversário. Da outra vez, parecida mais uma mão real.

– É, e dessa vez é a esquerda – acrescentei.

– Queria saber como Max consegue fazer esse pozinho, mãe. Se ele está no céu, como é que faz?

– Não sei, Tanner. Também estou perplexa. Vamos tomar o café da manhã e aí podemos conversar.

Fomos para a mesa, com frutas e ovos, e continuamos a discussão. Nem Tanner nem eu estávamos com medo; na verdade, estávamos desconcertados e curiosos. Comentamos que era a terceira vez que imagens apareciam espontaneamente no dia do aniversário de falecimento de Max ou perto dessa data. Negar que existia um padrão seria ignorar a realidade. Aquilo era real, e sabíamos disso porque tínhamos testemunhado em primeira mão. Expliquei a Tanner que continuaríamos a levar a vida e que, às vezes, precisamos aceitar que não temos respostas. O mundo pode ser complicado. Concordamos que ambos confiávamos em Max e que, algum dia, entenderíamos.

Depois do café, examinamos a marca outra vez. Tirei fotos e decidi deixar o espelho como estava na manhã de segunda-feira, quando fui trabalhar e Tanner foi para a escola. Ao voltar para casa à noite, a imagem ainda estava lá. Tirei mais fotos. Na terça-feira, dia 8 de maio, aniversário da morte de Max, as imagens continuavam iguais.

Um ou dois dias depois, limpei o espelho. Como poderia ser um acaso aquilo acontecer de novo perto do aniversário da morte de Max? Decidi ligar para Robin.

Ela continuava a achar que Max deixara as imagens e não estava conseguindo seguir em frente. Então sugeriu que eu tentasse algo chamado defumação. Não sabia o que era isso, mas ela explicou. Eu teria de queimar um pouco de sálvia no banheiro onde via as imagens. É algo dos antigos rituais de cura, inclusive uma prática espiritual dos índios americanos. Ela também me disse para andar em torno da casa, tocando um sino e convidando Max a avançar e ir para a luz. Então chamei uma amiga mais espiritualizada e lhe pedi que me ajudasse. Eu não tinha ideia de como fazer aquilo.

Ela me pediu para comprar a sálvia e disse que não demoraria. Quando chegou, começou a rir.

– Não é esse tipo de sálvia – disse ela.

Eu havia ido ao corredor de temperos no supermercado e comprara um vidro de sálvia seca. Parece que eu deveria ter ido a uma loja de produtos esotéricos, onde a sálvia é vendida em bastões. Como eu iria saber?

Seja como for, andamos em torno da casa tocando uma sineta e dizendo a Max que ele seria feliz depois que se instalasse no céu ou no mundo dos espíritos. Parecia mais que bobo. Eu tentava me dedicar, mas estava com medo de sermos descobertas. Ainda bem que os vizinhos não estavam em casa.

Robin também sugeriu que Jim falasse com Max e lhe dissesse que ele poderia seguir para o mundo dos espíritos. Como eu estava decidida a ajudar Max de todas as maneiras possíveis, perguntei-lhe se estaria disposto a fazer isso. Para seu mérito, ele aceitou – e com elegância. Disse que se sentia meio bobo, mas também começava a acreditar na ideia de que havia mais do que nosso eu físico. Estava aberto a tentar alcançar essa outra dimensão.

– Já está na hora de você ir para o estágio seguinte, Max. Esse é o seu destino. Não precisa se preocupar com Janis. Vou cuidar dela – disse ele diante do espelho do banheiro onde as marcas de mão tinham aparecido.

Apesar dos trinta anos numa carreira que estimulava regularmente meu ceticismo natural, eu aprendera com meu pai a manter a mente aberta a todas as possibilidades. E fico contente por isso, porque as recomendações de Robin pareceram dar certo. Depois do verão de 2007, não apareceram mais imagens, nenhuma luz piscou e nenhum relógio parou em nossa casa de Sacramento. Pelo menos naquele local, havia chegado ao fim.

Felizmente, 2007 traria acontecimentos felizes e empolgantes que ajudaram a compensar o desafio dessas ocorrências do outro mundo. No final de maio, tive a honra e o privilégio de ir à Universidade de Colúmbia, em Nova York, juntamente com Renée Byer e outros funcionários do *Sacramento Bee*, para vê-la receber o Prêmio Pulitzer pelas fotografias de seu trabalho em *A Mother's Journey* (A jornada de uma mãe), série que contava os últimos dias de um menino que estava morrendo de câncer. A última vez que tinha ido à Colúmbia havia sido em 2005, para ver Tom Philp, redator de editoriais do *Bee*, receber o Pulitzer pela série sobre a restauração do vale Hetch Hetchy, no Parque Nacional de Yosemite. Enquanto olhava nossa mesa de jornalistas do *Bee*, não pude deixar de pensar nos indivíduos que não estavam mais conosco. Devíamos a eles o rico legado jornalístico que nos deixaram, um legado claramente dinâmico, não estático. Em outras palavras, embora nossos antecessores das décadas anteriores tivessem partido, sua essência ficara e era fonte de inspiração para todos nós.

Jim, leitor voraz, ficou empolgado quando o convidei para ir comigo a Nova York para a cerimônia. Ele se sentou a meu lado no almoço, junto com todo mundo, e estava claramente envolvido e se divertindo. Fiquei felicíssima por tê-lo ao meu lado para dividir aquele momento.

Provavelmente, seu apetite pela leitura está ligado ao fato de Jim ser muito inteligente. Mas vamos ser francos: ele é homem e, portanto, está vulnerável a pontos cegos. Certo dia, numa manhã de domingo, depois de voltarmos de Nova York, tomávamos nosso café da manhã de sempre na cozinha de Sacramento enquanto líamos o *Bee*. Nós dois estávamos de bom humor. Achei que podia ser uma ocasião oportuna para soltar suavemente uma pergunta sobre nosso futuro, aproveitando que ele estava relaxado e um pouco distraído.

– E você vê algum futuro para o nosso relacionamento? – perguntei do mesmo jeito que falaria sobre o tempo. – Tem algum plano?

(Eu imaginava algo como decidir uma data de noivado, planejar a data do casamento e marcar tudo.)

Foi como se eu falasse com um alienígena. Ele ergueu os olhos do jornal, sem entender direito o que estava acontecendo, e disse:

– Bom, eu estava pensando que talvez pudéssemos morar juntos e depois de alguns anos a gente conversa e decide o que vai fazer.

Houve uma longa pausa, durante a qual dava para perceber que ele estava pensando se não deveria ter refletido melhor antes de dar a resposta. Finalmente, perguntei:

– Então esse é o seu plano?

Como bom marinheiro, Jim agora percebia que seguia para águas turbulentas, mas não podia virar o barco. Assim, depois de outra longa pausa, ele respondeu:

– Bom... é.

E levei um nanossegundo para responder o que qualquer mulher em pleno controle de suas faculdades mentais diria:

– Pois o seu plano é um lixo.

Mas havia um sorriso em meu rosto.

Demos gargalhadas – e ainda rimos disso até hoje. O melhor foi que ele mudou de plano. No outono, finalmente recuperou o bom senso e me pediu em casamento.

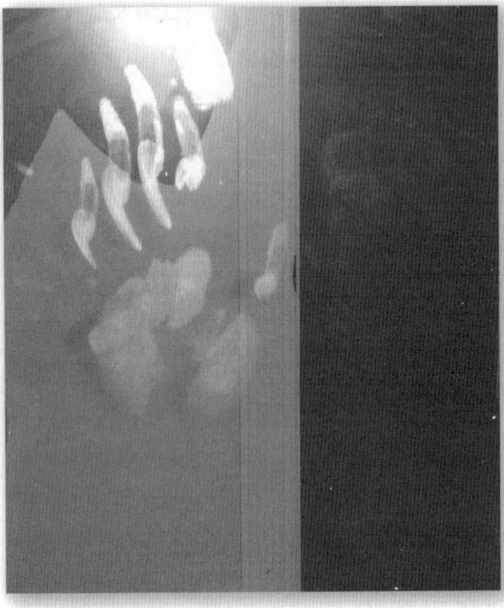

Uma marca de mão esquerda aparece no espelho do banheiro de minha casa em Sacramento, no dia 6 de maio de 2007, na semana do terceiro aniversário da morte de Max.

capítulo 9

Marcos do caminho

Em abril de 2008, me aposentei do *Sacramento Bee*. A sugestão de Jim em nossa caminhada em Sun Valley até o lago Baker, no outono de 2007, parecera bobagem, mas não era. Era brilhante. Agora eu poderia me dedicar a ligar os pontos, na esperança de dar um jeito de entender os fenômenos ocorridos desde que Max falecera. O melhor seria ter Jim a meu lado todos os dias, um parceiro de verdade, para trocar ideias e me ajudar a traçar uma estratégia. Meu desejo de aprender, crescer, estabelecer uma perspectiva espiritual teria o que merecia: toda a minha atenção.

Em sentido prático, o momento escolhido não poderia ser melhor. Eu estava com 57 anos. Fora os fins de semana e as férias anuais, trabalhara praticamente todos os dias durante 32 anos. Poupara uma boa parte do dinheiro que ganhara nesse período e recebia aposentadoria da McClatchy Company, então podia me dar a esse luxo. O mais importante era que Tanner estava terminando o ensino médio e ia para a Universidade da Califórnia em Los Angeles. Um novo capítulo de sua vida estava prestes a começar. E Jim e eu nos casaríamos em julho. Tínhamos decidido morar em Sun Valley porque nós dois amávamos a beleza do lugar e seu estilo de vida, com caminhadas no verão e esqui no inverno.

Meu caso de amor com o jornal nunca acabaria. Senti saudades dos colegas e amigos daquela época, e os anos que passamos juntos estão entre os melhores da minha vida.

Eu apreciava o trabalho e os relacionamentos, mas não passei muito tempo recordando o passado depois que saí. Amigos próximos imaginaram que a aposentadoria me deixaria entediada, sem ter o que fazer. Mas esses mesmos amigos foram os primeiros a se surpreenderem com a rapidez com que eu havia me adaptado. Para ser justa, só poucos amigos próximos conheciam toda a verdade sobre minha meta de pesquisar e tentar compreender a vida após a morte.

Era apenas uma questão de ponto de vista. Eu encarava a aposentadoria não como a decisão de abandonar o que amava fazer (o que, obviamente, era inevitável), mas como uma dádiva de tempo para mergulhar no reino espiritual. Certa vez, Jim me disse que a gente não se aposenta de verdade – só muda de direção. Eu estava substituindo meus interesses e paixões do mundo concreto e verificável dos jornais pelo mundo intangível e improvável dos espíritos. Era a hora perfeita para isso. Havia muito a escavar e pesquisar.

Em junho, vendi nossa casa em Sacramento. Embora mal pudesse esperar a mudança para Sun Valley, foi muito difícil colocar a casa à venda. Tanner e eu a amávamos. Não era apenas uma casa. Tínhamos muita história e várias memórias da década em que moramos lá. Afinal de contas, Tanner deixara a infância e se tornara um jovem sob aquele teto. Enquanto me ocupava embalando nossos pertences e correndo para ajudar Tanner com os preparativos para a UCLA, certas imagens passavam involuntariamente pela minha cabeça.

Divertidas festas de aniversário junto à piscina. Crianças risonhas brincando no sol quente do verão de Sacramento. Casey abanando o rabo e derrubando o sanduíche, mostarda por todos os lados.

Jantar de Ação de Graças. O aroma do peru preparado por Max assando no forno, enquanto sua mãe de 1,45m, miúda e excêntrica, nos divertia com seu humor inteligente.

Decoração de Natal. Bing Crosby ao fundo cantando "Do You Hear What I Hear?". Max firme e decidido a desembolar os pisca-piscas para ensinar Tanner a arrumá-los corretamente.

Noites do dia a dia. Tanner concentrado no dever de casa, sentado à mesa da sala de jantar, pulando da cadeira com perguntas sobre História ou Espanhol. Max escutando Mahler e lendo *O nome da rosa*, de Umberto Eco.

Nossa festa de casamento. A grande tenda, toda iluminada com lampadinhas. Todos os nossos entes queridos juntos ali embaixo. Dança lenta com Tanner e Max num abraço triplo, ouvindo "When I Fall in Love", com Nat King Cole, seguidos por um rebanho de corpos abrindo caminho com uma quadrilha maluca e animada. "Y.M.C.A.", do Village People, aos berros.

Max descobrindo que estava doente. Max lutando contra o câncer. Max perdendo a batalha. Max dizendo adeus a Tanner e a mim. Max morrendo. Em nossa sala de estar.

Criei meu filho e perdi meu marido ali. Minha perspectiva sobre a vida e a morte estava mudando em consequência da partida de Max e dos acontecimentos extraordinários que se desenrolaram depois. Como evitar que a partida fosse dolorosa? Eu estava emocionalmente apegada, num nível muito profundo, a tudo o que se passara naquela casa. Tanner também não ficou indiferente. Foi doloroso para nós dois. Conversamos sobre isso e ele admitiu que preferia que não tivéssemos de partir, mas entendia que eu queria começar nova vida com Jim em Sun Valley. Felizmente, ele estava concentrado em seu futuro na faculdade. E tenho certeza de que estava entusiasmado com a ideia de se unir a nós para esquiar no inverno e pescar no verão.

Fiquei pensando nos acontecimentos sobrenaturais: será que continuariam em Sun Valley? Nada ocorrera em Sacramento desde a marca de mão no espelho no terceiro aniversário da morte de Max, em maio de 2007, mas outras coisas tinham acontecido em

Napa. Parecia que o que estava se revelando tinha a ver comigo, não com a casa.

Enviei nossos pertences de Sacramento para Sun Valley; Jim e eu nos mudamos para uma casa alugada enquanto esperávamos o término da nova casa que estávamos construindo para nós.

Encontrar o amor tarde na vida nem sempre é fácil. Depois que se está numa nova relação, percebe-se que não é exatamente como aquela que você viveu quando era jovem. Jim e eu éramos a definição clássica de "apegados aos hábitos". Assim, morar sob o mesmo teto significava aprender a se acomodar aos hábitos e tendências do outro. Isso é ainda mais difícil quando lidamos com um homem que, além de ter 61 anos, é engenheiro e contador. Tudo tem que ser de um determinado jeito – mesmo; não estou exagerando. (Eu, por outro lado, sou totalmente flexível e receptiva.)

Assim, depois que fui morar com Jim, não me surpreendeu que, certo dia, ele me dissesse, com um tom de voz do tipo "por que você está implicando comigo?":

– Por que você vive tirando o tapete do quarto do lugar?

Ele se referia a um antigo tapete persa que eu levara da casa de Sacramento. Tínhamos colocado o tapete ao pé da cama, sobre o carpete que revestia o assoalho do quarto. Era um tapete pesado, de 1,5 metro por dois, e foi necessário que nós dois nos esforçássemos para colocá-lo no lugar. Não fora feito para ficar sobre carpete, mas deu um toque de cor necessário ao quarto praticamente monocromático. Além disso, se encaixava perfeitamente, como se emoldurado pelo carpete embaixo e dos lados. Nós o arrumamos entre o pé da cama e a lareira na parede oposta. Havia uns trinta centímetros entre o fim da cama e a borda do tapete, e o mesmo espaço do outro lado, até a lareira.

Jim gosta de tudo "certinho". Aparentemente, ele estava cansado de se ajoelhar todo dia para puxar o tapete de volta para o lugar.

Eu não sabia do que ele estava falando.

– Nem toquei no tapete – respondi.

– Então não entendo o que está acontecendo – comentou ele.

Sugeri que ele parasse de arrumar o tapete todo dia e, juntos, veríamos o que aconteceria. Verificamos o tapete pela manhã e, quando voltamos à noite, ele se deslocara 20 centímetros para longe da cama, na direção da lareira. É isso mesmo. O tapete se movera 20 centímetros por conta própria. Sozinho. Ninguém tocara nele. Finalmente, a borda do tapete se deslocou o bastante para encostar na base da lareira. Achamos que isso pararia o movimento. Mas não. O tapete continuou se deslocando até a borda se dobrar contra a lateral da lareira. Quase 13 centímetros de tapete, em toda a extensão de seus dois metros, estavam agora perpendiculares ao chão.

O incidente todo era esquisito. Ridículo. Mas nós dois vimos. Estávamos chocados, espantados, atordoados.

– Isso não faz sentido – disse Jim, olhando torto para o tapete em sua nova posição. – Tapetes não andam sozinhos. São objetos inanimados. E não há mais ninguém nesta casa, só nós dois.

– Eu sei. Eu sei. Você tem razão – respondi depressa.

Afundei numa poltroninha macia junto à janela para recuperar o fôlego em silêncio. Fitando o vidro, deixei minha mente vagar enquanto absorvia a vista das montanhas. Era igualzinho à primeira vez que eu vira a marca de mão em 2005. Sentia uma grande variedade de emoções ao mesmo tempo: choque, ceticismo, apreensão, assombro. Então, aos poucos, algo que antes não existia começou a ressoar. Era uma aceitação recém-nascida. Eu ganhara confiança e não estava tão assustada nem tão cética quanto antes. Afinal de contas, coisas demais tinham acontecido. O receio que eu sentia ainda estava lá, mas encolhendo. E, para substituir essas dúvidas que se dissolviam, havia uma nova confiança e aceitação.

Levantei-me da cadeira, fui devagar até Jim e segurei sua mão. Precisava do consolo e da segurança de sua força, e queria lhe emprestar um pouco da minha.

– Sabemos que isso aconteceu, nós dois vimos. Vamos deixar esse incidente de lado por enquanto e levar o tapete para o escritório lá em cima.

Eu sabia que voltaríamos a ele quando tivéssemos tempo, depois do casamento. O tapete ficou quieto em seu novo cômodo. Mas, embora tivéssemos visto o fim dos tapetes ambulantes em Sun Valley, o mesmo não havia acontecido em Napa.

Finalmente chegou o dia de nosso casamento. Fizemos uma linda cerimônia em meados de julho, no gramado da casa de um amigo junto ao rio Big Wood, em Sun Valley. Do outro lado do rio, ficava a encosta íngreme de uma montanha. Amigos e familiares tinham vindo do país inteiro para estar conosco, e o reverendo Jesse Vaughan, o nosso amigo e ministro episcopal que conduzira o funeral de Max, veio de Sacramento para oficiar a cerimônia. Não poderia ter sido melhor. Depois do jantar, ficamos maravilhados ao ver um filhote de urso-preto descer a montanha do outro lado do rio para olhar o que estávamos aprontando. Ursos são raros na área, e ver um deles no casamento foi um presente para os convidados. Nossos amigos íntimos também sabem que o apelido que dei a Jim é Urso.

Partimos para a lua de mel no lago Louise e em Banff, no Canadá, e no caminho paramos no Triple Creek Ranch, em Montana. Depois nos mudamos para a casa nova em Sun Valley. Estávamos empolgados para começar a vida de casados e eu tentava controlar minha ansiedade para continuar minha jornada de exploração espiritual com Jim a meu lado.

capítulo 10

Lições de um engenheiro espacial

Aos poucos Jim ia aceitando esses acontecimentos inusitados, mas bem devagar. Sua atitude cética foi cedendo quando ele começou a testemunhar as coisas em primeira mão.

Jim se descreve como agnóstico. Não se filia a nenhuma religião específica e diz que não vê Deus à imagem de um homem "sentado numa nuvem". Mas acredita numa forma superior de energia no mundo. "Talvez como a gravidade", diz ele, "invisível, mas claramente presente." Ele sente isso com mais intensidade quando está em meio à natureza. Toda vez que algo inexplicável acontecia, sua abordagem ao interpretar era mais clínica, mais técnica, do que a minha. Ele não parava de perguntar sobre campos energéticos. Queria entender os acontecimentos a partir de um ponto de vista científico e tinha muita curiosidade em saber se a energia desempenharia algum papel. É claro que ele encarava tudo isso como engenheiro e contador.

Embora eu abordasse minha pesquisa de um ponto de vista mais espiritual, me sentia à vontade com a ideia de explorar a importância que a ciência poderia ter. Depois de tomar a decisão de incluir cientistas ao lado de líderes espirituais, a pergunta passou a ser: como?

Num fim de semana, vi um folheto numa loja de sucos local. (Além de adotar o hábito de frequentar livrarias alternativas, agora eu visitava lojas de sucos e comida natural.) Era o programa do Festival do Filme Espiritual de Sun Valley, que estuda e celebra tradições espirituais por meio do cinema. O folheto prometia sessões de cinema, mesas-redondas e palestras. Achei que algum palestrante pudesse me dar alguma ideia no campo da ciência em relação àqueles acontecimentos sobrenaturais. O local, a linda pousada Sun Valley Lodge, era um bônus.

Depois de uma sessão de cinema interessantíssima na antiga Opera House, abordei um dos palestrantes. Sua empresa tinha um convênio com importantes instituições acadêmicas que buscavam entender a consciência e o campo energético humano. Havia muita gente em volta, então tive de esperar a minha vez de falar com o apresentador. Expliquei-lhe que eventos inusitados vinham ocorrendo e que eu estava em busca de orientação para entendê-los. Ele parecia não prestar muita atenção até que mencionei a marca de mão.

Ergueu os olhos das anotações e perguntou:

– Como disse?

– Apareceu uma marca de mão no espelho de meu banheiro exatamente um ano depois da morte de meu marido, que faleceu em nossa casa – repeti.

– Conheço a pessoa certa – disse ele com interesse genuíno. – Esse homem, além de cientista brilhante, é um ser humano avançado em termos espirituais.

Ele me deu o contato do Dr. Paul Wendland, que mora em Los Angeles. Decidi que iria até lá encontrá-lo, caso ele estivesse disposto a me receber. Saí ao sol escancarando as portas duplas da Opera House e me espantei com a beleza estonteante do dia e a majestade das montanhas que abrigavam a Sun Valley Lodge.

O Dr. Wendland concordou em me receber e fez até a gentileza de me convidar a ir à sua casa. Prontamente peguei um avião e fui para lá, de gravador e lista de perguntas em punho. Depois voltei a visitá-lo com Jim e conhecemos sua esposa e sua filha, ambas maravilhosas.

Quando ele abriu a porta para mim, fiquei imediatamente impressionada com seu tamanho e suas maneiras calorosas. Por alguma razão, me veio à mente Balu, o urso do desenho animado *Mogli*, da Disney, dos tempos de Tanner na escola. Acho que foram o sorriso fácil, o espírito generoso e a presença grandiosa que provocaram a comparação.

De ombros largos e mãos grandes, muito mais alto do que eu, ele se afastou para que eu pudesse me sentar com ele na aconchegante cozinha. Morava em Ventura, perto do mar, e a luz do sol lançava raios brilhantes pelas cortinas quando nos acomodamos para tomar café com pãezinhos doces recheados. Eu me senti à vontade e relaxada em sua presença. Ele era contemplativo e falava baixinho. Minha percepção inicial de que o Dr. Wendland se parecia fisicamente com Balu se desfez rapidamente. Ele não era apenas um homem cordial e amistoso; era sábio e ponderado, com gentileza e ternura sem iguais.

Pedi permissão para gravar a conversa e comecei:

– Como disse ao telefone, estou tentando entender alguns acontecimentos estranhos que vêm ocorrendo desde que meu marido morreu. Espero que o senhor possa me ajudar. Não sei direito por onde começar, mas, antes de eu lhe contar minha história, gostaria que o senhor me contasse a sua.

Paul Wendland é físico experimental e Ph.D. pela UCLA. Ele passou por uma transformação pessoal em consequência de suas pesquisas sobre espiritualidade depois de uma carreira estelar na física – literalmente estelar. Sua empresa havia construído os sensores de navegação pela luz das estrelas para o ônibus espacial Voyager. Em outras palavras: era a minha primeira conversa com um genuíno engenheiro espacial.

E, ao contrário de algumas pessoas que conheço e que se acham sabe-tudo, o Dr. Wendland, na verdade, é bastante modesto.

– Medir e entender a luz foi meu objetivo durante a vida inteira

– contou ele. – Concluí que não entendo a luz. Também estudei física quântica a vida inteira. E também não a entendo.

A tese de doutorado do Dr. Wendland foi sobre a eletroabsorção do silício. (Não faço ideia do que isso quer dizer.) Ele foi professor de Física no Departamento de Engenharia da UCLA durante dois anos antes de sair do mundo acadêmico e abrir sua empresa, a United Detector Technology, que construiu os sensores do Voyager. Teve sucesso no mundo empresarial e abriu várias empresas, sozinho ou com sócios, a última delas vendida para a 3M.

Foi criado numa família de luteranos fundamentalistas, satisfeito com o conhecimento de que havia um céu e um inferno e que ele estava destinado ao céu porque fora "salvo". Mas, com 12 ou 13 anos, começou a questionar esse ponto de vista. Estudou física no ensino médio, e achava a matéria fácil e fascinante. Quando foi para a UCLA começou a ver a vida como quarks e elétrons que formavam o DNA, que, por sua vez, formava os seres humanos. Pelo que me contou, a noção de Deus não parecia mais necessária. Ele disse que era fã do poema de Algernon Charles Swinburne que descrevia a morte como um sono eterno, a cessação de todos os sons e imagens. Pareceu-lhe algo pacífico.

A semente de outra mudança de seu ponto de vista espiritual foi plantada por seu colega de quarto na UCLA, que lhe fez uma pergunta: "Você já resolveu a vida e a morte. Mas e o amor?"

O amor não se encaixava assim tão bem em sua visão de mundo. Mas o Dr. Wendland continuou seu caminho.

– Eu estava concentrado em ganhar dinheiro e era feliz com meu ateísmo.

Bem mais tarde, depois de vender a segunda empresa e ficar "livre, leve e solto", ele começou a meditar e fazer suas leituras sobre espiritualidade. Sua pergunta era: "Qual é a essência da consciência?"

Isso é bom, pensei. Se eu começasse a entender a essência da consciência, como ele dizia, talvez conseguisse começar a entender se essa essência poderia existir além do terreno de nossa vida humana. E essa poderia ser uma janela para o surgimento da marca de mão.

– Enquanto explorava a consciência – explicou o Dr. Wendland –, passei a acreditar que questionar a validade da ciência ou a verdade da religião era simplesmente errar o alvo. Deveríamos nos perguntar: "Há mais do que esta realidade física que todos habitamos?" Fui atraído para um caminho novo, uma jornada mística para explorar realidades não físicas.

Era exatamente sobre realidades não físicas que eu queria aprender. Achei sua história de vida fascinante. Ali estava um homem brilhante, de 70 e poucos anos, que atacara as mesmas questões que agora, como novata, eu me fazia. E ele tinha um histórico de uma vida baseada em fatos, como cientista, assim como eu partira do mundo em preto e branco dos jornais. Ele queria saber se havia na vida mais do que o reino físico e entender exatamente o que significava a consciência. Fui cativada por sua história.

Num grupo de estudos espirituais, apresentaram-lhe um livro de Robert Monroe intitulado *Viagens fora do corpo*, e ele frequentou um seminário no Instituto Monroe, em Faber, na Virgínia. Esse curso mudou sua vida em vários aspectos. O Dr. Wendland conheceu vidas passadas e encontrou Shelley, hoje sua esposa (que, segundo ele, foi sua mulher em outra vida também). Ele teve muitas experiências fora do corpo. Agora está convencido de que existe "algo mais".

Eu estava descobrindo que esse homem passara boa parte da vida numa jornada. Não se contentava em apenas seguir o rebanho nem afirmava ter todas as respostas. Bem ao contrário: estava mais interessado em formular as perguntas certas. Seu histórico científico o tornava naturalmente curioso. Mas o ponto em que ele talvez divergisse de outros cientistas era na paixão de ir além do estudo das propriedades físicas. Ele tinha uma preocupação genuinamente espiritual também.

– Hoje a tradição espiritual que mais combina comigo é o cristianismo. Tenho uma ligação profunda e permanente com Cristo – disse ele, que também acredita que muitos caminhos espirituais válidos levam a "tudo que há".

Nós dois nos identificamos como cristãos que acreditam no mundo dos espíritos. Nossa diferença consistia em que ele era físico, sem falar na imensa potência de seu cérebro. Eu queria conhecer seu ponto de vista de cientista sobre o que vinha acontecendo comigo.

– Como um cientista reagiria à marca de mão que vi? – perguntei.

– A opinião da maioria dos cientistas é de que, na realidade, tudo tem base física, apenas elétrons, quarks e seus primos; não há "algo mais" – disse ele. – Em outras palavras, até nossa consciência se reduz a esses elementos. Nenhum aspecto da consciência existe separadamente do funcionamento do cérebro. Quando este cessa, deixamos de existir. Esse é o pensamento tradicional.

Após uma pausa, prosseguiu:

– Mas, se fôssemos apenas um monte de neurônios e não houvesse nada mais, como é que poderíamos possuir o livre-arbítrio, essa qualidade que torna os seres humanos uma espécie única? Nossas escolhas deliberadas e individuais significam que não estamos à mercê de nossos instintos e das nossas reações automáticas ao meio ambiente. O livre-arbítrio nos permite aprender, e é isso que torna a condição humana tão significativa.

Então notei que era possível que eu estivesse lutando com o significado daqueles acontecimentos porque, como ressaltou o Dr. Wendland, essa era a única maneira de alcançar algum aprendizado. Jim costumava ficar frustrado, se perguntando por que a comunicação com o outro lado era tão difícil de decifrar. Eu compreendia. Também queria uma resposta que fosse fácil de digerir. Então fiz ao Dr. Wendland a pergunta que Jim e eu vínhamos ponderando havia algum tempo:

– Se o mundo dos espíritos ou Max estão tentando me dizer alguma coisa, por que não se comunicam de um modo que possamos entender e interpretar com mais facilidade? Se querem nossa ajuda, por que não nos ajudam a entender? – perguntei.

– Uma razão para os que estão em outra realidade não se comunicarem claramente conosco é o grande esforço exigido pela travessia até nosso mundo. Mas o mais importante é que, se os espíritos nos contassem todas as informações que têm e, assim, conhecêssemos todas as consequências de nossos atos nesta vida antes de passarmos por eles, seríamos privados da oportunidade de crescer e descobrir nós mesmos os resultados. Se soubéssemos tudo, não teríamos como aprender. E o propósito de cada vida é aprender e experimentar diferentes aspectos do que significa ser humano. Fazemos parte do aprendizado do Universo inteiro. Cada uma de nossas experiências contribui para o todo, e precisamos que essas experiências sejam realizadas de modo completamente livre.

Entendi que isso significava que, sem livre-arbítrio e capacidade de aprender, apenas sobreviveríamos. *Ah, que desastre seria!*, pensei. Não consigo imaginar a vida sem liberdade pessoal, sem a possibilidade de exercer nossa escolha individual com base em nosso próprio juízo. Uma receita pronta negaria as escolhas e, sem alternativas, onde ficaria a satisfação na vida?

Estava ansiosa para contar tudo isso a Jim. Ele teve uma reação muito interessante.

– Defino livre-arbítrio como a capacidade de agir segundo meus próprios critérios, sem determinação prévia nem intervenção divina [espiritual] – disse ele. – Sem livre-arbítrio na vida, estaremos meramente desempenhando um papel numa peça.

A peça já foi escrita, vimos todos os atos até este ponto e nos movemos inexoravelmente para o fim. Sem livre-arbítrio, de que adianta viver? É claro que os atores não se envolvem tanto se não têm nenhum impacto sobre o final da peça. Na verdade, é possível dizer que até o dramaturgo ficaria entediado.

E, assim, Jim e eu estávamos alinhados em nossa crença no livre-arbítrio e em seu poder. Isso também significa que preciso aceitar que não tenho todas as respostas. Os mistérios que procuro desvendar podem ser insolúveis. Talvez eu simplesmente precise aprender a conviver melhor com a dúvida.

Pedi ao Dr. Wendland que me explicasse sua visão pessoal sobre a consciência.

– Nossa consciência está separada do cérebro. É nossa essência, nossa alma. Nos níveis mais baixos, a consciência tem forma: nosso corpo. Mas, conforme nos elevamos, há menos interesse pela forma e mais pelo pensamento. No nível mais alto, não há forma, apenas luz.

Além disso, o Dr. Wendland disse acreditar que a consciência é a base de tudo e transforma o físico em realidade em todos os momentos. Mas ele é realista e sabe que levará tempo para que isso seja cientificamente provado. Ele continuou com a hipótese de que nós, humanos, desempenhamos um papel ativo em criar transformação por meio da consciência.

– Como a consciência é mais do que matéria física, cada indivíduo tem a capacidade de afetar os resultados – disse ele. – Pode-se dizer que o cérebro físico exerce uma força sobre a matéria externa, mas acredito que o efeito seja mais sutil. O entendimento do mecanismo da interação da consciência com o mundo físico constituirá a principal linha de avanço científico nos próximos séculos e levará a uma compreensão mais completa de nós mesmos. No presente, ainda não temos uma teoria assim nem dados experimentais suficientes para criá-la.

Enquanto eu tentava entender tudo que ele estava dizendo, o Dr. Wendland continuou:

– O experimento é a pedra fundamental de todos os estudos do mundo físico. É a verdadeira base da ciência. Procuro honrar essa concepção em meus estudos físicos. A teoria é útil como fator de unificação, mas a experiência é a verdadeira base da ciência.

Para abordar a hipótese de que nós, seres humanos, podemos afetar os resultados, o Dr. Wendland trabalhou recentemente com o Dr. Dean Radin, cientista-chefe do Instituto de Ciências Noéticas, dedicado ao estudo da consciência. O Dr. Wendland e o Dr. Radin realizaram uma experiência e os resultados foram publicados na revista *Physics Essays*, num artigo intitulado "Consciousness and the Double-Slit Interference Pattern" (A consciência e o padrão de interferência de duas fendas).

É um artigo complicado, não é voltado para leigos (como eu). Mas, em essência, é um estudo sobre a psicocinese, ou seja, a capacidade da mente de afetar a matéria. A questão abordada pelo Dr. Wendland e pelo Dr. Radin era se meditação e intenção profundas poderiam afetar o comportamento da luz ao passar por duas fendas. O experimento queria saber se a consciência era capaz de provocar o colapso da função de onda quântica da luz de forma previsível. Os resultados demonstraram que sim – num nível pequeno, mas significativo.

A experiência em si se baseava num conceito simples. Abrem-se duas fendas pequenas e bem próximas num pedaço de metal. Quando se passa um raio de luz por essas fendas, obtém-se um determinado padrão. Na verdade, obtemos dois padrões de regiões claras e escuras que se estendem ao infinito em ambas as direções.

– Essa é uma experiência quântica básica – disse ele.

O Dr. Wendland e o Dr. Radin queriam verificar se a intenção consciente de alguém poderia alterar o padrão luminoso. Se alguém quisesse que a luz passasse por apenas uma das fendas, e não pelas duas, o padrão luminoso resultante mudaria?

Adivinhe só! Mudou. O efeito foi bem pequeno, perceptível apenas com equipamento moderno de alta potência.

– Provavelmente é bom que o efeito seja pequeno e que a capacidade de afetar a matéria varie de uma pessoa para outra – acrescentou ele. – Se todos tivéssemos um poder psicocinético forte, o resultado seria caótico.

Essa ideia de que a observação humana pode mudar a realidade física não é novidade. Aprendi com o Dr. Wendland que, na verdade, ela está embutida numa teoria chamada de Interpretação de Copenhague. Ele explicou que essa teoria foi formulada em 1924 por Niels Bohr e Werner Heisenberg, dois dos fundadores da física quântica. O que descobriram "fez todo mundo arrancar os cabelos", segundo ele.

Não quis ficar interrompendo o Dr. Wendland o tempo todo para lhe pedir que explicasse tudo, dado o abismo entre seu conhecimento científico e o meu. O que fiz foi rabiscar uma anotação em meu bloquinho: "voltar – dever de casa – física quântica". É mais ou menos como dizer "vá ao Himalaia – escale o Everest – 8.800 metros acima do nível do mar".

Certa noite, quando estava em casa lendo sobre física quântica, minha mente começou a devanear. Percebi que realmente me lembrava de ter aprendido algo sobre fótons (partículas de luz) 40 anos antes. Foi na aula de Ciências. Era 1969, meu último ano na Taft High School, em Hamilton, no Ohio. No dia em que estudamos as partículas subatômicas (prótons, nêutrons e elétrons), meu problema era estar sentada num banco alto de madeira, ao lado de uma bancada do laboratório, como todos os outros alunos. Era difícil prestar atenção porque meus pés balançavam sem apoio, e isso fez com que eu prestasse atenção no meu sapato, o que me levou a imaginar que precisava de sapatos novos e pensar em quando poderia fazer compras. Como eu não era lá muito capaz de entender todas as coisas que o professor dizia, quando olhei o quadro-negro (nada de apresentações em PowerPoint na época), concentrei-me principalmente em não cair do banco. Mas agora, com 50 e tantos anos, obviamente eu tinha amadurecido e feito algum progresso, não é?

Mas chega de digressão. O que acabei descobrindo com minha pesquisa foi que a física quântica é um ramo da física que estuda o comportamento da energia e da matéria numa escala pequeníssima. Essa área da física é regida por regras diferentes das da física tradicional. Por exemplo, os físicos quânticos afirmam que a localização de partículas minúsculas só é determinada quando elas são observadas. Portanto, talvez consigamos mesmo influenciá-las se tivermos essa intenção, como indica a experiência do Dr. Radin e do Dr. Wendland.

O que surpreende na Interpretação de Copenhague é que, nessa teoria, não há nenhuma descrição da realidade física.

– Em vez disso, há apenas probabilidades de se observar ou medir alguma coisa. Só quando algo é efetivamente observado passa do estado indeterminado para um estado real – explicou o Dr. Wendland. – Para mim, isso significa que é necessária a observação consciente para trazer qualquer coisa à existência.

Se bem entendi, pensei, nada existe fisicamente se não for observado. Um conceito irresistível. Fiquei curiosíssima. Isso significa que a marca de mão não estava lá até que eu a observasse? Será que eu tinha a intenção inconsciente de criar aquela imagem? Ou seria possível que Max tivesse criado a marca de mão no espelho com a força de sua intenção, uma intenção que viajou de uma dimensão a outra?

Outra coisa me deixou curiosa. Perguntei ao Dr. Wendland:

– Se a Interpretação de Copenhague estiver correta, como é

que existia qualquer coisa no início do Universo, antes de aparecermos para observar as coisas?

Sua resposta brincalhona e perspicaz foi em forma de versinhos:

Meu Deus, o que é que eu faço
Pra sair desse embaraço:
Aquela árvore ali
Ainda estará aqui
Quando não houver ninguém no pedaço?

E a resposta:

Meu amigo, é meu o embaraço:
Estou sempre no pedaço.
Por isso a árvore ali
Ainda estará aqui
Porque a vejo eu, Deus. Um abraço.

– Em outras palavras, Deus é a consciência infinita e onipresente, o observador e criador de tudo que existe. Se somos feitos à imagem de Deus, nossa alma também deve ter uma consciência que observa e cria a realidade.

Perguntei ao Dr. Wendland como esses ensinamentos e suas experiências o afetaram.

– Eles me fizeram perceber que o que temos não conta – respondeu ele. – O que fazemos pelos outros é o que importa. Na verdade, é assim que construímos nosso poder espiritual: distribuindo-o. Quanto mais damos, mais recebemos. Quem projeta medo recebe medo de volta. Quem projeta amor recebe amor.

Agora discutíamos uma coisa que eu não precisava pesquisar: amor. Minha ideia do poder do amor florescera no decorrer da vida. Mas apenas quando perdi Max tive que encarar o significado do amor em toda a sua magnitude. Max está me ensinando que o amor transcende este mundo e o outro. E, embora eu não possa mais curtir com ele a parte física da vida, o amor permanece constante em meu coração. Acredito que ele levou consigo esse mesmo amor no coração para o outro lado, para o céu, para qualquer que seja o plano não físico onde ele existe agora. E acredito que esse amor lhe deu a força necessária para atravessar o mundo dos espíritos e vir até aqui.

O Dr. Wendland reforçou o que eu estava vivendo. Seus "estados alterados e planos não físicos" lhe ensinaram que há mais do que a existência física e que os seres humanos mal começaram a explorar e entender essas outras realidades:

– Estamos bem no início de nossa busca por conhecimento e compreensão, e não, como propõem muitos cientistas importantes, perto do fim.

capítulo 11

Podemos viajar para fora do corpo?

Com mais idade, digamos, 50 e muitos ou 60 e poucos anos, quando conhecemos alguém e acabamos nos apaixonando, a bagagem que levamos na memória não é do tamanho da maletinha que carregávamos aos 20. Agora carregamos o peso de um baú. E é bem possível que dentro desse baú haja algumas coisas bem guardadinhas. Eu arrastava uma dessas lembranças, um sonho que tive pouco depois da morte de Max. E agora ela me vinha à mente, provavelmente porque eu andara recordando a visão da visita de papai ao meu quarto depois que ele morreu, em fevereiro de 2007. Estava ansiosa para contar meu antigo sonho a Jim e, como era de se esperar, ele prestou atenção e estava disposto a escutar.

Certa noite, duas ou três semanas depois de Max morrer, respeitei meu padrão habitual de ir para a cama por volta das dez. Costumo ler pelo menos meia hora antes de adormecer. Com o passar dos anos, desenvolvi o hábito de dormir oito horas por noite, mas, depois da morte de Max, isso se tornou mais difícil, principalmente no início. Eu costumava acordar no meio da noite, me virar para o lado dele e, instintivamente, estender o braço à sua procura. Era uma fração de segundo deliciosa em que eu realmente acreditava que ele estava vivo. Então eu tocava o lençol frio e vazio e era atingida pela lembrança nítida de que ele se fora.

Isso me irritava continuamente. A repetição parecia não me ensinar nada. Essa rotina me trouxe problemas para dormir.

Naquela noite específica, algo extraordinário interrompeu a rotina. Só consigo descrever a experiência como um sonho ou um estado onírico. No meio da noite, acordei e me vi viajando pelo corredor, do quarto até a frente de casa. Viajando, não andando. Eu flutuava ou voava horizontalmente, desligada do corpo. Era óbvio que aquilo era impossível. Mas, por razões que não compreendo bem, parecia normal, o que foi quase arrebatador para mim. Eu tinha a sensação de voar paralelamente ao teto, perto dele, mas sem chegar a tocá-lo. Podia ver tudo até o chão. Sentia-me leve e aérea, deslizando devagar pelo ar como um barco em águas tranquilas. Notei que as paredes eram exatamente as de nossa casa, de um amarelo-escuro, com sancas brancas, cobertas de fotos de família. Vi nosso grande gaveteiro antigo encostado na parede e o tapete persa no assoalho de tábua corrida.

Nada estava distorcido como costuma ficar nos sonhos. Tudo estava em ordem, exceto, é claro, pelo fato de que eu flutuava. Eu me sentia Mary Martin no musical *Peter Pan*, só que sem a túnica e as meias de balé. Mas, ao contrário de Peter Pan, eu não estava tão segura de mim. Enquanto navegava pelo corredor, cheguei a uma curva e me virei para a esquerda, rumo à cozinha e à sala de estar. Olhei a biblioteca à direita e vi os livros nas estantes. Pela grande janela avarandada, olhei para fora e avistei a lâmpada da varanda da frente do vizinho do outro lado da rua lançando uma luz suave e dourada sobre a grama. Assim como o corredor era nosso corredor real, esses cômodos e a varanda da frente da casa vizinha também eram como sempre foram.

Quando afastei os olhos da biblioteca e olhei de volta para a sala de estar e a cozinha, deparei com Max. Sim, era ele, sem dúvida alguma, e em pleno gozo de sua saúde, de suéter cinza, calça verde-oliva e mocassim marrom; o cabelo grisalho estava bem penteado. Os contornos do corpo musculoso eram os mesmos de antes de ele adoecer. Ele estava entre a geladeira e a mesinha da cozinha, que usávamos para fazer anotações e listas de compras. Estava de costas para mim.

Eu não podia acreditar! Disse a mim mesma: *Devo ter me enganado sobre a morte de Max, porque ele está bem aqui! Não se foi, afinal de contas. Estava vivo esse tempo todo.*

Ao pensar isso, estendi a mão para tocar seu ombro direito. Mas, em vez de pousar num músculo forte, minha mão passou direto por ele e saiu do outro lado. O corpo que parecia sólido era um vapor. Ele não chegou a se virar. Não vi seu rosto. Então ele desapareceu completamente. Evaporou. Num instante, sumiu.

Atordoada, abalada, caí em mim e disse com meus botões que era óbvio que ele não poderia estar ali de pé, em pessoa. Max morrera no dia 8 de maio.

Então o que tinha acabado de acontecer? Será que eu vira seu espírito? Seria um fantasma? Eu teria imaginado tudo aquilo? E, fora a aparição, não podemos esquecer que eu estava flutuando. Sei muito bem como tudo isso soa estranho. Talvez tenha sido apenas um sonho. Mas não acredito que tenha sido um sonho no sentido clássico, porque era vívido demais, principalmente as partes físicas da casa. Havia uma precisão na viagem que fiz pelo corredor e pelos outros cômodos. Nenhuma distorção, nenhum desvio.

Fosse o que fosse, não há dúvida de que havia se alimentado do meu luto. Eu estava aberta como nunca. Então, ao contar isso a Jim e observar sua reação, sem julgamentos, tive confiança e força de vontade para dar o passo seguinte.

Decidi pesquisar experiências fora do corpo e o que significava um estado alterado de consciência. Lembrei-me do que o Dr. Wendland me contara. A expressão tinha sido popularizada havia mais de trinta anos por um livro de Robert Monroe, empresário e radialista que testou em si mesmo as fronteiras da consciência. Seu legado, o Instituto Monroe (TMI, na sigla em inglês), faz pesquisas sobre a consciência e criou um retiro no qual visitantes podem aprender técnicas para levar sua consciência a outros níveis. Nesse estado profundo entre o sono e a meditação, os visitantes vivenciam outros estados, que às vezes incluem vidas passadas.

Achei que seria útil visitar o Instituto Monroe como parte de minha jornada, na esperança de aprender o que desse sobre esse estado onírico de consciência alterada. Será que eu conseguiria confirmar a existência da consciência fora do corpo? Pedi a Jim que fosse comigo. Juntos, fomos ao TMI, no sopé das Montanhas Blue Ridge, para conhecer a Dra. Carol de la Herran, diretora-executiva e presidente do instituto. Ela fez a gentileza de nos providenciar uma visita guiada pelas instalações.

O local é belo e sereno, com áreas de meditação, um lindo riacho e trilhas para caminhada que serpenteiam pela floresta. À noite, temos a vista panorâmica das montanhas e das estrelas no terraço. Visitamos as duas instalações do TMI, que se estendem por dezenas de hectares. Depois da visita, a Dra. Herran, que tem doutorado em psicologia e medicina energética, diploma de direito e MBA em marketing internacional, nos recebeu. Fomos para sua sala conversar.

A Dra. Herran me explicou que o fascínio do Sr. Monroe pela consciência começou quando ele soube de experiências dos russos para acelerar o acúmulo de conhecimentos com a "aprendizagem durante o sono". No decorrer dos anos da Guerra Fria, ele começou a examinar a ideia. E, como conhecia bem os métodos de produção de áudio no setor de radiodifusão, imaginou que ele mesmo seria uma cobaia perfeita. Isso me fez lembrar Stephen Barr, que testou em si mesmo os mecanismos de biofeedback que estava projetando em seu primeiro emprego, opção que o levou a uma nova carreira. O mesmo aconteceu com Robert Monroe.

Em 1958, enquanto fazia experiências com a aprendizagem durante o sono, ele começou a se lembrar de sensações acompanhadas de uma luz muito brilhante. Seis semanas depois, teve a primeira experiência fora do corpo.

Ele se sentiu flutuar, exatamente como aconteceu comigo. Foi até o alto do quarto e bateu no teto. Ele não sabia o que estava lhe acontecendo. Seria aquilo seu espírito ou sua alma? E quem era aquele homem (ele) na cama com sua mulher? Ele se forçou a descer até a cama e voltar para seu corpo. Robert Monroe consultou alguns médicos e psiquiatras, que não acharam nada errado com ele. Ao contrário de mim, que tive a experiência uma vez, isso aconteceu várias vezes com o Sr. Monroe, o que, naturalmente, o levou a querer compreender aquilo. Ele passou a documentar suas experiências.

Empresa e pesquisa foram evoluindo, e ele fundou o Instituto Monroe – The Monroe Institute (TMI). Robert Monroe faleceu em 1995, mas especialistas em psicologia, bioquímica, psiquiatria, engenharia elétrica e física continuam a colaborar com o trabalho do TMI. Hoje, o instituto é uma entidade de pesquisa e educação sem fins lucrativos dedicada a aprimorar o entendimento da consciência humana e a questionar a possibilidade de existirmos separados do corpo.

Pedi à Dra. Herran que me falasse sobre Robert Monroe, que ela conheceu pessoalmente.

– Bob não era uma pessoa muito religiosa e nunca quis ser considerado um guru – disse ela. – Não queria dizer às pessoas em que deveriam acreditar. Estava interessado em usar a ciência para criar ferramentas que ajudassem os outros a descobrir sua própria verdade. O único dogma que temos por aqui é que todos talvez sejam mais do que seu corpo físico, pelo menos enquanto estiverem aqui. Pedimos que as pessoas que vêm aqui considerem essa possibilidade.

Durante as experiências do Sr. Monroe consigo mesmo, "por ser o empresário que era", segundo a Dra. Herran, ele fez numerosas anotações.

A princípio, relutou em publicar um livro, como disse a ela: "Absolutamente não; essa é minha vida privada. O que meus colegas da rádio vão pensar se lerem um livro desses? Vão me achar maluco." (Eu me identifiquei com essa reação.) No entanto, depois de pensar melhor, ocorreu-lhe que era muito improvável que seus colegas da rádio lessem um livro daqueles. Então, por que não?

– Bob mergulhou no livro, o mesmo que deu início a isso tudo, por puro acaso. O Dr. Charles Tart teve um papel fundamental – prosseguiu a Dra. Herran.

O Dr. Tart, pesquisador há mais de cinquenta anos, é uma lenda no campo da parapsicologia. Quando fui procurá-lo posteriormente, ele me contou sua história:

– No outono de 1965, minha família se mudou para Charlottesville porque arranjei emprego como instrutor do Departamento de Psiquiatria da Escola de Medicina da Universidade de Virgínia, que ficava lá, e eu teria tempo de fazer algumas pesquisas sobre percepção extrassensorial. Minha mulher e eu conhecemos Bob Monroe quase imediatamente, por meio de amigos em comum. Bob me deu uma cópia do manuscrito completo de *Viagens fora do corpo*. Li e fiquei muito empolgado. Quando lhe perguntei sobre os planos de publicação, ele me disse que o mandara para seu agente em Nova York, cerca de um ano antes, e até então não recebera resposta. Isso me fez pensar que o agente ficara assustado com o material e na verdade não fizera nada para encontrar uma editora.

Então o Dr. Tart mandou uma cópia do manuscrito para o falecido Bill Whitehead, um dos editores da Doubleday, que publicara em brochura seu livro *Altered States of Consciousness* (Estados alterados de consciência). O Sr. Whitehead levou o manuscrito para casa depois do trabalho porque o Dr. Tart o recomendara. O editor começou a ler à noite e "ficou tão fascinado que não conseguiu largar o livro e ir dormir", como contou mais tarde. Assim, a Doubleday se tornou a editora do livro de Bob.

Apesar da crença de que nenhum colega da rádio chegaria a ver o livro, uma semana depois do lançamento de *Viagens fora do corpo*, quando o Sr. Monroe estava num iate, a esposa do presidente da rádio NBC saiu da cabine com o livro na mão e lhe pediu que o autografasse. "Ela é médium", disse-lhe o marido.

E ele ainda queria manter o anonimato!

O Sr. Monroe acreditava piamente que a consciência vai além do cérebro. As técnicas que desenvolveu para ajudar as pessoas a atingirem outros estados de consciência resultaram da mesma abertura que ajudou muitos cientistas a enxergarem consequências mais amplas das teorias e dos dados experimentais dele. Durante nossa visita ao TMI, vimos quartinhos com fones, as chamadas câmaras ambientais holísticas controladas (CHEC, na sigla em inglês), que, segundo a Dra. Herran, são "câmaras de semi-isolamento".

O Sr. Monroe não inventou a tecnologia que está por trás dessas estruturas baseadas em fones e cubículos, que foi descoberta em 1865 e a princípio era usada para testar a audição. Ela se baseia no que acontece quando alguém ouve dois sons diferentes ao mesmo tempo, um em cada ouvido. O cérebro tentar tornar os dois sons idênticos e cria ondas sonoras iguais à diferença entre eles. Por exemplo, se alguém escuta um som de 100 ciclos por segundo num ouvido e um de 104 ciclos no outro, o cérebro criará ondas de 4 ciclos por segundo – que ficam bem na fronteira entre as ondas cerebrais teta e delta. (As ondas teta são meditativas ou criativas, as delta são as que produzimos no sono profundo.) O Sr. Monroe descreveu sua descoberta desse estado "fronteiriço" como "uma janela para a consciência".

A tecnologia que o Sr. Monroe idealizou tem até 35 canais de som saindo dos fones e permite que os hemisférios do cérebro entrem num padrão sincronizado.

– Com o lado analítico e o intuitivo trabalhando juntos, obtemos um estado ideal de funcionamento cerebral. As combinações de sons nos colocam num estado alterado e nos mantêm lá. Bob atribuiu números a esses estados alterados. O foco 12, por exemplo, é para intuição e orientação – explicou a Dra. Herran.

– Isso significa que temos de usar fones para gozar os benefícios dessa tecnologia? – perguntei.

– Não, porque é possível aprender a fazer isso sozinho, geralmente num programa de uma semana, em que o cérebro cria novas vias neurais – respondeu ela.

Para os instrutores do TMI, os fones funcionam como as rodinhas das bicicletas infantis.

O que acontece nessas sessões varia. Às vezes, os participantes passam para um estado de suspensão do tempo. Ou há o programa dedicado a se mover no tempo. É possível voltar a uma época antiga, e mesmo a vidas passadas, e vencer as crenças ou emoções que limitam nosso progresso na vida. Assim podemos avaliar nossa situação atual e ter um ponto de vista mais amplo e distanciado. Além disso, também há a opção de avançar no tempo e ver um possível futuro para que possamos tomar o rumo de um propósito mais elevado.

Perguntei como a filosofia do Sr. Monroe seria transmitida, e a resposta da Dra. Herran foi que ele não tinha filosofia. Ele acreditava que aquilo que chamamos de espírito tem muitas manifestações.

– É interessante que ele nunca tenha usado a palavra "reencarnação", porque achava que deixava implícito que uma vida acontece depois da outra. Ele acreditava que, em outros planos de existência, o tempo não existe – disse ela.

A Dra. Herran terminou dizendo que a mensagem principal de Robert Monroe era "explorar".

– Ele sempre nos ensinou a buscar nossas próprias respostas.

Eu me identifiquei muito com isso, principalmente depois que ela faleceu, em julho de 2013, após uma breve enfermidade. Sinto-me honrada de poder incluir aqui algumas ideias de seu trabalho.

Meu sonho com uma experiência fora do corpo foi espantoso e único. Mas essa não foi a única vez que tive um sonho impressionante envolvendo Max. Em outra ocasião, uns seis meses depois que ele morreu, eu estava dormindo na cama de nosso quarto em Napa e acordei no meio da noite sentindo que não estava sozinha. Quando olhei para a esquerda, vi a imagem de Max em pé, junto à cama. Ele estava absolutamente imóvel e apenas me fitava. Vi que estava forte e saudável, enchendo as roupas com todos os 90 quilos que tinha antes do diagnóstico de câncer. Nossos olhares se encontraram e assim se mantiveram por período indeterminado, quase como se o tempo tivesse deixado de existir. Nenhuma palavra passou pelos lábios dele. Tudo o que ele transmitia, assim como acontecera no sonho com meu pai, foi sentido, não ouvido. A mensagem que recebi foi que Max me amava e não estava mais sofrendo. Se tivesse usado um megafone, não teria sido mais claro.

O tempo que passamos conectados foi íntimo e nos uniu mais uma vez. Eu me lembro de depois testemunhar a luz de seus olhos gradualmente se apagar. Era a mesma luz que eu o vira perder quando morreu. A alma pareceu recuar até que, finalmente, eu só via seu corpo, que ficou vazio diante de mim. Pelo menos, foi como senti no sonho. Sua verdadeira essência se fora. Então, pouco depois, a visão do corpo físico se desfez, evaporando-se.

Fiquei com uma estranha confusão emocional, que misturava consolo e tristeza.

capítulo 12

FANTASMAS: REAIS OU IMAGINÁRIOS?

SERÁ QUE, COMO A MAIORIA DOS SONHOS, OS QUE TIVE TAMBÉM eram fruto da minha imaginação? Ou será que recebi visitas de Max e de papai, vindos do mundo dos espíritos? Se eles me visitaram, quer dizer que eram fantasmas? Ou seriam espíritos? Qual a diferença entre os dois?

Meio sem graça (outra vez), eu queria saber se Jim estaria disposto a investigar fantasmas comigo. Eu já havia contado a ele que vira Max e papai, e Jim estava curioso. De qualquer forma, achei que dar o passo seguinte e realmente fazer uma pesquisa sobre fantasmas talvez fosse forçar a barra. Decidi avançar aos poucos. Imaginei que haveria um limite, um certo ponto até onde eu poderia levar minhas idiossincrasias sem deixar de ser digna de crédito a seus olhos. Além disso, eu sabia que Jim se interessava muito mais pelo mundo da ciência do que pelo etéreo quando se tratava de pesquisas.

Resolvi empregar uma tática que um amigo psicólogo me ensinara anos antes. Ele dissera que, quando queremos ter uma conversa difícil, é bom começar o assunto numa caminhada, num passeio de bicicleta ou andando de carro. Quando é preciso abordar um tema complicado, olhar na mesma direção, em vez de ficar à mesa, um de frente para o outro, é menos íntimo e, consequentemente, menos intimidador. Então sugeri a Jim que fizéssemos uma caminhada. Conversamos sobre planos para o fim de semana, tarefas que precisavam ser cumpridas, e, quando senti que a conversa chegara a um ponto alto de amenidades, lancei minha pergunta.

– Você já passou por alguma situação em que estivesse diante de um fantasma? Quando criança ou mesmo depois de adulto? – perguntei, adotando a voz mais despreocupada da história da humanidade.

– Não. Nunca – respondeu ele em apenas duas palavras, num tom de voz objetivo, me olhando com uma cara meio esquisita.

Depois ele se abaixou para amarrar o cadarço, parecendo contente por se distrair da pergunta sobre fantasmas.

– Nunca... mesmo? Nem quando seu pai morreu? – insisti.

– Não. Nada. Sinto muito – respondeu ele, num tom de voz quase de desculpas, como se quisesse responder que sim mas não pudesse, porque não seria verdade.

Enquanto isso, eu pensava em como Jim se esforçara para aceitar todos os acontecimentos por que passou. A última coisa que eu queria era forçar a barra e perder a credibilidade aos olhos dele. Então mudei de assunto. Mas não conseguia parar de me perguntar por que a maioria das pessoas (eu, inclusive) passa a vida inteira com medo de fantasmas. Seria por causa das histórias de terror que ouvimos quando crianças? Quando eu era pequena, contávamos histórias de fantasmas em torno da fogueira. A gente se sentava no chão, de pernas cruzadas, os braços em torno dos joelhos, enquanto as brasas da fogueira estalavam e soltavam fagulhas no bosque. Ficávamos horas contando histórias, enquanto os adultos atiçavam o fogo e se sentavam em cadeiras de lona na fileira atrás de nós. Lembro-me principalmente de meus irmãos mais velhos, Kurt e Brian, que se uniam aos nossos primos para dar susto nas meninas. Em geral, eles pulavam de detrás de alguma árvore e berravam um monte de "Buuuuu!".

Depois de adulta, nunca mais pensei em fantasmas. Só quando

Max e papai morreram e apareceram em meus sonhos é que me interessei pelo assunto. Finalmente, essa curiosidade me levou a Loyd Auerbach.

Loyd, que diz com perspicácia que é o cara dos fantasmas, é especialista nessa área. Conheci-o numa reunião anual da Forever Family Foundation, grupo dedicado a ajudar pessoas que estejam de luto e a apoiar estudos científicos sobre a vida após a morte. Loyd, que acabara de ser eleito presidente da fundação, participou de uma mesa-redonda no evento. Ele chamou minha atenção ao citar uma frase da escritora de ficção científica Kathleen Sky: "Não existe sobrenatural; há apenas coisas que ainda não entendemos."

Parece que o conhecimento de Jim sobre fantasmas se limitava a *Gasparzinho, o Fantasminha Camarada*, da TV. Achei que talvez ele se interessasse em ir comigo quando Loyd me convidou a visitá-lo no norte da Califórnia. Loyd não poderia ter sido mais gentil, solícito e amigável. Ele acabou com qualquer apreensão que tivéssemos sobre o tema. Sabíamos que era um bom professor porque tínhamos assistido à sua palestra na conferência. O que o tornava tão envolvente quando falava eram sua personalidade e o modo natural de usar o humor e casos pessoais para ilustrar seus argumentos. Olha com atenção através dos óculos, com um brilho nos olhos. E seu uso fácil do humor autodepreciativo mostra que tem seu ego sob firme controle e não se leva a sério demais, como *a* autoridade no assunto.

Como ponto extra, seu passatempo é fazer chocolate. Então saímos levando um saquinho de bombons cujo conteúdo foi rapidamente devorado. Quando tirei o papel brilhante de alumínio, fiquei agradavelmente surpresa ao ver gravado no doce um grupo minúsculo de fantasminhas que lembravam o *Gasparzinho*. Sem dúvida Jim se identificou com essa parte.

Loyd se formou em Antropologia Cultural na Universidade Northwestern e fez mestrado em parapsicologia na Universidade

John F. Kennedy. É professor da Universidade Atlantic, em Virginia Beach, no estado da Virgínia, e criador e o principal instrutor do Programa de Estudos Parapsicológicos do Instituto HCH, em Lafayette, na Califórnia. Escreveu oito livros sobre parapsicologia.

Loyd apareceu em vários programas da TV americana e participou de programas relacionados à questão da paranormalidade nas emissoras Travel Channel, Learning Channel, A&E, Biography Channel, History Channel e Discovery Channel. Profissionalmente, também lê pensamentos, faz apresentações de poderes psíquicos e é ex-mágico.

Perguntei a Loyd como se interessou pelo tema.

– Gostaria de ter uma resposta impressionante – disse ele –, mas na verdade foi assistindo à televisão quando menino, seriados como *Topper*, *Além da imaginação* e *Um passo além*. Eu também lia muito sobre mitologia, ficção científica e, principalmente, quadrinhos de super-heróis. Era louco por ciência. Eu tinha de entrar nessa área – respondeu ele.

Aproveitei então para ir diretamente a uma pergunta essencial para mim:

– Já que ouvimos essa palavra o tempo todo, o que é um fantasma?

– Embora a palavra "fantasma" inclua várias experiências em diversas culturas – respondeu Loyd –, a maioria a utiliza para denominar um espírito ou alguma forma de alguém que morreu, mas em geral o público está se referindo a qualquer figura vista ou ouvida, seja um espírito consciente, seja uma assombração. Na verdade, essas duas coisas são bem diferentes.

Pedi a ele que explicasse a diferença entre um espírito consciente e uma assombração.

– O espírito consciente é uma aparição – disse Loyd. – É a consciência de um ser humano que sobreviveu à morte do corpo. Ele é capaz de interagir com os vivos.

Então deve ter sido isso o que vivi com Max e papai. Loyd disse que quem está vivo percebe a aparição através da visão, da audição, do tato ou do olfato. Em meu caso, só vi Max e papai. As aparições tendem a ficar em lugares com os quais tiveram alguma ligação ou relação psicológica ou emocional durante a vida, segundo ele disse. Sem dúvida isso se aplicava a Max.

– Mas eles podem aparecer em outros lugares também – disse ele, o que explicaria a visita de papai.

As assombrações são outra categoria. Elas envolvem figuras ou vozes fantasmagóricas específicas em um local e sem capacidade de interagir com a gente. São como vídeos de algo que já aconteceu naquele lugar e ficou gravado no ambiente. Essas assombrações não são espíritos conscientes.

As assombrações tendem a ser repetitivas, tanto na sensação de quem está vivo quanto no momento em que ocorrem. As pessoas costumam ver, ouvir, intuir ou sentir o cheiro de uma presença que, tipicamente, pratica algum tipo de atividade. Pode ser uma imagem masculina que anda de um lado para outro no corredor, ou passos vindos do sótão. Falar ou interagir com esses espíritos é inútil, porque eles só continuam a fazer o que estão fazendo, como se nem estivéssemos lá. Em outras palavras, para Loyd, eles são hologramas, e não seres conscientes capazes de alguma interação.

Conversamos mais um pouco sobre meus sonhos e lhe contei que vi Max pela primeira vez umas três semanas depois de falecido e papai, cerca de um mês depois que ele morreu. Soube que essa não era a norma.

– A maioria das aparições, mas com certeza não todas, costuma ocorrer 48 a 72 horas depois da morte, como se a pessoa estivesse vindo se despedir, em busca de interação e encerramento – disse Loyd. – Aparições posteriores tendem a significar uma necessidade psicológica ou emocional de ficar aqui. Essa necessidade pode ser negação da morte, medo do que vem depois, assuntos pendentes, um desejo forte de ficar com a pessoa amada ou até frustração pela interrupção da vida.

No caso de Max, todas essas razões poderiam se aplicar. No caso de papai, nem tanto. Acho que ele estava se despedindo.

Jim nos interrompeu e perguntou se alguém tinha provas de aparições documentadas com o uso de algum tipo de tecnologia. Infelizmente, a resposta de Loyd foi negativa.

– Em meu campo, definimos as aparições como uma forma de consciência – disse ele –, mas a ciência oficial ainda é vaga quanto a uma definição universal da consciência propriamente dita. Em outras palavras, não há prova física da consciência propriamente dita entre os vivos além de nosso comportamento e nossos pensamentos. Se não conseguimos provar a existência da consciência no cérebro, onde supomos que esteja, como provar a existência da consciência fora do corpo?

De acordo com ele, a única maneira de estudarmos a consciência, seja dos vivos, seja dos mortos, é pela experiência dos indivíduos. Sua área de estudo é a parapsicologia, que, primordialmente, é uma ciência social. E, embora sejam empregadas ferramentas de medição usadas nas ciências físicas, a melhor prova vem de pessoas. Os casos mais convincentes são aqueles em que há várias testemunhas e informações que mais tarde possam ser verificadas.

Conclusão: enquanto a questão da consciência ainda estiver em suspenso, o mesmo acontecerá com a existência de fantasmas.

Perguntei a Loyd se ele já vira ou sentira espíritos.

– Com o passar dos anos, aprendi a prestar mais atenção à minha percepção – disse ele. – Não vi aparições, mas as senti, notei algum cheiro e percebi, e uma delas passou várias vezes através de mim. Há alguns anos, tive minha primeira experiência auditiva.

Então ele me contou uma história ótima. Era sobre Martin Caidin, um grande amigo seu, escritor de ficção científica e criador do seriado televisivo *O homem de seis milhões de dólares*, baseado num romance de Caidin, *Cyborg*. O Sr. Caidin era um personagem inesquecível e grande fumante de charutos. Pouco antes de morrer, ele disse a Loyd: "Vou voltar para assombrar você, Auerbach."

Ele conhecia muita gente no ramo da aviação, era consultor extraoficial da NASA e conheceu até o engenheiro aeroespacial Wernher von Braun, quando o programa espacial ainda estava engatinhando. Quando ele morreu, Loyd realmente esperava que aparecesse.

– Combinei de tomar algumas doses de rum em sua homenagem – disse Loyd. – E nem assim o vi. Mas se passou pouco mais de uma semana, e eu estava indo de carro para o aeroporto, às 7 da manhã, porque tinha que pegar o avião para uma reunião em Portland. Na época, meu carro tinha três meses de uso, ainda com aquele cheirinho de novo. Ninguém tinha fumado ali dentro. De repente, o carro ficou tomado por cheiro de fumaça de charuto. Eu sabia que era ele. Durou cerca de sete ou oito minutos. Assim que cheguei a Portland, liguei para um amigo meu de Nova Jersey que também conhecia Marty. E lhe disse: "Bob, você não vai acreditar no que acabou de me acontecer". Ele me interrompeu e disse: "Loyd, você deve ser adivinho". "Sou mesmo", brinquei.

Loyd fez uma pausa e continuou:

– Então eu perguntei: "Bob, por que está dizendo isso?" E ele respondeu: "Eu estava voando no meu Cessna para Nova Jersey e, mais ou menos às 10h10 da manhã, a cabine se encheu de aroma de fumaça de charuto". Eu sabia que ele estava três horas à minha frente no fuso horário da Costa Leste, e fiquei meio empolgado, mas só comentei: "É mesmo?" "Mas essa não é a melhor parte", continuou ele. "Um amigo meu e de Caidin estava num avião na Flórida, no mesmo horário, e a cabine dele também se encheu de cheiro de fumaça de charuto." Mais tarde, quando verificamos com todos os nossos amigos em comum, 25 pessoas, contando com a gente, testemunharam que seu carro ou avião se encheu de cheiro de fumaça de charuto por volta da mesma hora. Então, essa é minha experiência. Mas todo mundo tem algum grau de sensibilidade psíquica. Infelizmente, somos educados para negá-la à medida que crescemos. Todos podem desenvolvê-la até certo ponto. Mas a questão não é tanto desenvolver; é mais perceber o que está acontecendo.

E, se aprendi alguma coisa em minha jornada, foi a prestar atenção e perceber o que está acontecendo. Nesse aspecto, Loyd está certíssimo.

capítulo 13

Tapetes mágicos

No final do outono de 2008, tive outro encontro com os fios dourados. Aconteceu na sala de estar de nossa casa em Sun Valley. Eu estava ao telefone com Tanner quando notei, do outro lado da sala, três ou quatro fios dourados horizontais com cerca de meio metro de comprimento. Eles flutuavam logo acima do grande globo terrestre que eu dera a Jim como presente de aniversário. Como nos dois casos anteriores, pareciam fiapos de milho ou uma teia, de cor dourada, soltos no nada.

Mas, dessa vez, quando toquei um deles, ele não desapareceu. Em vez disso, um pequeno retângulo se formou atrás do meu dedo, como uma pedra preciosa num colar. Os fios duraram uns cinco minutos e depois sumiram. Não sei por que levei tanto tempo para pensar nisso, mas tive a ideia de pesquisar o fenômeno dos fios dourados. O que descobri é fascinante.

Acredito ter visto exemplos da Teia de Indra, também chamada de Joias ou Pérolas de Indra, nomeada em homenagem a uma história encontrada em antigos textos védicos sobre uma rede que o deus Indra lançou sobre seu palácio. É uma metáfora usada para ilustrar o conceito budista de interpenetração, que significa que tudo no Universo está interligado. Cada "joia" na teia reflete ao infinito todas as outras relações mútuas, assim como dois espelhos, um diante do outro, refletirão a mesma imagem ao infinito. A mudança numa joia provoca uma mudança, ainda que pequena, em todas as outras joias da teia.

Nenhuma das imagens que achei na internet ou em livros tinham a aparência exata do que vi, mas havia grande semelhança. Também descobri que a física quântica tem um conceito que se assemelha bastante à antiga metáfora da teia. Esse conceito quântico, chamado Teorema de Bell, é complicado, mas, em termos simples, diz que nosso mundo é não local, ou seja, que as coisas podem se ligar através do tempo e do espaço. E não é só que estejam ligadas. Elas podem agir como uma unidade. E me pergunto: isso inclui as pessoas?

No início de novembro, Jim e eu fomos de carro de Sun Valley para a casa de Yountville. Tínhamos planos de visitar uns amigos e passar o Dia de Ação de Graças com Tanner, que estaria em recesso na faculdade. Na tarde de quarta-feira, 5 de novembro, chegamos, desfizemos as malas e nos instalamos para passar um mês em nosso retiro aconchegante entre sequoias e vinhedos. Fizemos uma longa caminhada pela vizinhança e depois uma refeição fabulosa no Bouchon, nosso restaurante local favorito.

Ao acordar na manhã de quinta-feira, tivemos uma surpresa. Quando passamos pelo corredor que ia de nosso quarto à cozinha, notamos que o tapete Karastan de 1,60 metro por 2,60 metros, que eu trouxera de Sacramento e, em geral, ficava bem no meio do piso da cozinha, se deslocara uns quinze centímetros.

Já éramos craques no fenômeno do tapete ambulante, mas ainda estávamos céticos. Talvez não tivéssemos visto direito onde o tapete estava na véspera. Então, dessa vez tivemos um pouco mais de disciplina.

Arrumamos o tapete bem encostado na parede esquerda, na base do rodapé da entrada da cozinha. Na manhã de sábado, ele estava a 23 centímetros de onde estivera dois dias antes. Acabou encostado nos armários do outro lado. Aquele tapete pesado, com um capacho embaixo, se deslocara quase 30 centímetros da esquerda para a direita. Um absurdo.

Examinamos nosso estoque doméstico de instrumentos científicos sofisticados e encontramos uma ficha de anotações e uma fita métrica. Sei que agora os cientistas que entrevistei para escrever este livro estarão se revirando, mas não deixei de perceber que o que fizemos ficou bem longe das iniciativas impressionantes de cientistas qualificados. Mas fizemos o possível, só para assegurar que não estávamos imaginando os deslocamentos do tapete.

Arrastamos o tapete de volta para o canto esquerdo da cozinha e fizemos um segundo teste num espaço mais longo de tempo. Dessa vez, o tapete se moveu 27 centímetros em quatro dias. Acompanhei o movimento durante todo esse período.

Sábado, 8 de novembro:
Manhã [Bem cedo. Não registrei a hora exata, mas o colocamos ali depois do café da manhã, por volta das sete e meia.] Tapete encostado na parede.

Domingo, 9 de novembro:
11h. Tapete a 6 cm da parede.

Segunda-feira, 10 de novembro:
10h30. Tapete a 7,3 cm da parede.
13h36. Tapete a 8,5 cm da parede.
19h12. Tapete a 10,8 cm da parede.
20h15. Tapete a 11,5 cm da parede.

Terça-feira, 11 de novembro:
8h27. Tapete a 12,7 cm da parede.
9h30. Tapete a 19,4 cm da parede.

Quarta-feira, 12 de novembro:
7h30. Tapete a 26,7 cm da parede.

O tapete acabou batendo no rodapé do canto direito dos armários da cozinha e começou a se enrolar na lateral do rodapé, como fizera o tapete de Sun Valley quando subiu pelo lado da lareira. Só que esse em Napa se movia da esquerda para a direita, na direção da biblioteca. Em direção aos livros de Max.

Uma semana depois, tivemos exatamente a mesma experiência com o tapete do quarto principal em Napa. Também era pesado, media 1,80 metro por 2,40 metros e ficava sobre um acolchoado espesso. Ele fez sua pequena excursão e acabou percorrendo 18 a 20 centímetros de assoalho durante dois dias, até bater na cômoda. Ele também se deslocava na direção da biblioteca.

Liguei para Robin e lhe contei o que acontecera. Ela disse que acreditava que toda massa tem energia, e que as centenas de livros de Max que ainda estavam na biblioteca tinham uma massa considerável. Então sugeriu que talvez estivesse na hora de me desfazer dos livros. Além de ajudar Max a seguir em frente caso estivesse estagnado, ela achava que isso também acabaria com o estranho movimento dos tapetes.

Eu queria fazer todo o possível para ajudar Max. Se ele estivesse preso, queria ajudá-lo a se soltar. Assim, Jim e eu embalamos todos os livros, enchendo umas 20 caixas, e os doamos à biblioteca de Napa.

Da mesma forma como as marcas de pó se tornaram um padrão que se repetiu durante três anos consecutivos, esses tapetes em movimento também formavam um padrão – um em Sun Valley, no verão, outros dois em Napa, três meses depois. Eu não podia deixar de sentir que Max estava se esforçando muito para chamar minha atenção. Parecia querer que eu soubesse que ele ainda estava por lá, na ativa, embora de outra forma. Ele era persistente e criativo. Toda vez que ocorria algo novo, eu pensava a mesma coisa: *Isso não é possível.* Mas, quando se repetia, eu me via chegando a uma conclusão diferente. Talvez Max estivesse estagnado. Acho mais provável, porém, que, se era ele que atravessava o véu e provocava esses fenômenos, o fazia porque prometera que o faria. Eu tinha cada vez mais certeza: não há como a vida acabar quando morremos.

Tenho certeza de mais duas coisas relativas aos tapetes ambulantes. A primeira é que não serei procurada por nenhuma revista científica de prestígio querendo publicar o resultado de nossas descobertas. E a segunda é que alguns leitores pensarão que Jim e eu estávamos imaginando o movimento dos tapetes ou que eles só estavam escorregando debaixo de nossos pés. Esse realmente não era o caso. Mas sei muito bem que parece ridículo.

Tive uma pequena amostra da possível reação a essa história dos tapetes ambulantes. Nossos queridíssimos amigos Laura Anderson e Van Lemons, ambos neurocirurgiões, tinham casa de veraneio em Yountville, a um quarteirão da nossa, e também moravam a um quarteirão de nossa casa em Sacramento. Telefonei para lhes contar a história dos tapetes e perguntar se gostariam de ficar com o da cozinha. Achei que ele se comportaria como um tapete normal se não estivesse comigo. Senti-me segura para contar essa história porque confiava neles e eles conheciam e amavam Max. Não eram o tipo de pessoa que já vai tirando conclusões, e tinham sofrido muito comigo e com Tanner depois da morte de Max. Seu filho, Robbie, também era amigo de Tanner.

– Talvez o tapete não seja afetado se não estiver perto de mim – expliquei com franqueza.

– Claro, adoraríamos ficar com ele – disse Laura.

– E quando eu e Jim podemos levá-lo para aí? – perguntei.

Então Van, que tinha um senso de humor ferino, respondeu:

– Não precisa se preocupar. Dê a ele nosso endereço, que deixarei a porta aberta.

Muito engraçado, pensei. *Rá, rá, rá.*

Felizmente, com um tapete banido por não ficar quieto e depois de tirar os livros de casa, o outro tapete aparentemente decidiu se comportar. Todas as coisas de Max das quais eu não conseguia me separar foram embaladas e mandadas para Sun Valley. Desde então nunca mais tivemos ocorrências estranhas em Napa.

capítulo 14

Será que estou enlouquecendo?

Jim e eu passamos o fim de 2008 na casa nova de Sun Valley, e, quando saudamos o ano-novo de 2009, ainda tentávamos resolver um problema constante de nosso sistema elétrico. As luzes do quarto de casal acendiam no meio da noite. Eu me levantava para apagá-las e, na manhã seguinte, elas estavam acesas de novo. Achamos que era por serem novas, e pedimos que o eletricista que as instalara viesse ver se havia algo de errado. Ele não encontrou nada e nos olhou como se fôssemos meio malucos. Então, um dia, as luzes do quarto de hóspedes piscaram de leve, sem causa aparente. Apesar de tudo que acontecera com luzes piscantes em Sacramento, não imaginei automaticamente que se tratasse de um evento misterioso semelhante. Em vez disso, escolhi pensar que era algum tipo de defeito. Nada mais.

Então certo dia nosso mestre de obras veio nos visitar e, do nada, contou uma história que chamou nossa atenção. Disse que, num dia do verão anterior, ele e seus dois carpinteiros estavam trabalhando na casa e todas as luzes piscaram o tempo todo. Quando pararam, os três notaram que as luzes ficaram mais fracas e, em seguida, muito fortes. Ele disse que aconteceu na casa inteira. Então todas as luzes se apagaram completamente. Isso mesmo, fim do espetáculo. Ele disse que o mais esquisito foi que nenhum deles tocou em nenhum interruptor. E, na maioria dos dias de verão, ele e os carpinteiros não tinham o hábito de acender as luzes, porque o sol fica forte e nossa casa dá diretamente para oeste, com vidraças do chão ao teto. Ele também observou que isso aconteceu apenas uma vez. Em todos os outros dias durante a obra, as luzes se comportaram normalmente, ou seja, ficaram apagadas.

Enquanto o escutava, não pude deixar de notar que o que ele dizia e quem ele era pareciam estar em polos opostos. Se a gente procurasse "mestre de obras" na internet, apareceria a foto dele. Alto, voz grave, ombros largos, braços e pernas fortes, masculino... todo viril. Acho que ficou perplexo com o que viu, mas também não podia deixar para lá. Sabia que tinha acontecido alguma coisa. Só não sabia explicar.

Umas semanas depois, como parte do processo de mudança que não acabava nunca, Jim notou uma coisa. A única caixa de pertences íntimos de Max que guardei depois que ele morreu estava na parte inferior do armário de casacos do saguão, bem debaixo do quadro de luz do sistema de iluminação da casa. Imediatamente levamos a caixa para nosso depósito externo, e o problema com a luz sumiu. Será que a energia de seus pertences lá em Sun Valley era como a energia de seus livros em Napa? Será que eram elementos capazes de criar esse tipo de atividade?

Eu estava curiosa para saber se os fenômenos, que começaram em Sacramento, em 2004, e me seguiram até Napa e à casa alugada em Sun Valley, iam se materializar ali também, na nova casa de Sun Valley. Os fios apareceram na sala em setembro de 2008, e as luzes piscaram mais ou menos na mesma época. Em março de 2009, tive outro encontro com a Teia de Indra. Eu estava tomando banho e, de repente, vi lindos círculos brilhantes de luz translúcida preenchendo todo o teto acima da banheira. Tinham cerca de dez centímetros de diâmetro e estavam dispostos de tal maneira que cada um estava em contato com os outros. Faiscavam e cintilavam. Mexi a água da banheira para me assegurar de que não era algum reflexo da água. Não era.

Essas experiências não eram nada ameaçadoras. Pelo contrário. Os círculos pareciam transmitir a mesma elegância dos fios dourados. Isso durou uns 45 minutos. Depois eles sumiram. Nos quatro meses seguintes, apareceram mais três vezes, mas nas paredes e no teto de nosso quarto de casal, em vez de no banheiro. Eu acordava no meio da noite, os via e ficava hipnotizada com sua beleza. Acordava Jim, que resmungava um pouco e depois parava no meio da frase para se juntar a mim e observar o desfile perfeito e delicado. Não tínhamos absolutamente nenhuma ideia do que significavam. Mas sabíamos como ficávamos quando os víamos: encantados.

Na primeira semana de junho de 2010, Jim e eu ficamos empolgados ao dar as boas-vindas a um filhotinho em nossa vida. Blue era um labrador dourado de oito semanas que adquirimos de um criador na Flórida através de um dos amigos de Jim que era veterinário. Jim trouxe Blue de avião, numa caixinha de transporte guardada debaixo da poltrona da frente. O voo tinha três escalas, então ele estava exausto quando chegou a Sun Valley.

Nós o chamamos de Blue, o Supercão, porque ele pulava, todo orgulhoso, do terceiro degrau da escada como se fosse voar. Parecia ter gostado da casa nova. Na primeira noite, dormiu sobre a minha barriga, numa caminha inflável, porque eu queria criar laços com ele. Ele não chorou, e passamos a noite aconchegados.

Esses foram alguns dos melhores dias de minha vida. Eu estava contente casada com Jim, muito grata por nossa relação amorosa. Tanner estava prosperando na UCLA com os estudos, o rúgbi e a fraternidade, e eu apreciava tudo o que Sun Valley tinha a oferecer.

O Wood River Valley, a região onde fica Sun Valley, é um dos lugares mais lindos dos Estados Unidos. A uma hora de voo em avião pequeno fica a Área Selvagem Frank Church-River of No Return, a maior reserva ecológica do país. Em Sacramento, eu gostava de caminhar. Agora, fazia trilhas. Partir de 1.500 metros de altitude e chegar aos 2.300 é uma experiência bem diferente de caminhar em terreno plano. Eu praticava com Jim e Blue, o Supercão, em cinco serras que ficavam a minutos de casa. Por toda parte, há lagos nas montanhas. Uma trilha a 15 minutos de casa poderia levar um caminhante até o Canadá sem que ele visse qualquer sinal de civilização no caminho.

Em poucas palavras, adorei estar livre da responsabilidade implacável de administrar um jornal. E não só por causa do ar livre. Sun Valley abriga uma orquestra sinfônica soberba e uma conferência de escritores de importância nacional. Eu estava tão ou mais feliz do que nunca.

Mas explorar o campo da espiritualidade continuava a ser uma prioridade. Assim, quando encontrei Traci Ireland na cidade, marquei uma hora para descobrir um pouco mais sobre ela. Conheci-a no Sun Valley Wellness Festival, evento anual patrocinado pelo Instituto Sun Valley Wellness. Traci abriu o festival com uma cerimônia do fogo ao ar livre dedicada a unir a comunidade. De acordo com o site, o instituto é uma "sociedade sem fins lucrativos de Idaho, fundado em 2005 para oferecer informações sobre saúde e bem-estar por meio de programas e eventos como o Sun Valley Wellness Festival". O festival é descrito como "uma reunião anual dos maiores palestrantes e praticantes do bem-estar de mente, corpo, espírito e meio ambiente". Entre os palestrantes dos eventos anteriores, estavam Deepak Chopra, Ram Dass, Dra. Jill Bolte Taylor, Marianne Williamson, Byron Katie, Robert F. Kennedy Jr. e, mais recentemente, o Dr. Eben Alexander. A missão do evento é "inspirar mudanças positivas".

Traci é uma mulher de 40 e poucos anos, atlética e jovial, com uma pele imaculada, dentes brancos e alinhados e olhos castanhos brilhantes. O que senti imediatamente quando a encontrei foi que ela parecia estar em paz. Traci cresceu numa fazenda ou num rancho no sudoeste de South Dakota, entre as reservas indígenas de

Pine Ridge e Rosebud, numa família cristã muito amorosa que lhe dava todo o apoio. Ela se formou em Engenharia Química na Escola de Minas e Tecnologia de South Dakota e trabalhou durante oito anos como engenheira, mas foi ficando cada vez mais desencantada.

Então resolveu se mudar para Ketchum, em Idaho, e se tornou uma das donas da livraria Chapter One. Sua consciência espiritual crescente e o desejo de ajudar os outros acabaram por levá-la ao Dr. Alberto Villoldo, psicólogo e antropólogo da saúde que fundou a Four Winds Society. O Dr. Villoldo passou mais de 30 anos com xamãs do Peru e escreveu vários livros de sucesso.

Traci fez o curso básico da Light Body School oferecido pela Four Winds Society em 2006, em Park City, Utah, e assistiu a aulas de aperfeiçoamento em 2008.

– As práticas curativas xamânicas peruanas têm milhares de anos – disse Traci. – O que Alberto ensina é "puro" no sentido de que, quando os conquistadores chegaram ao Peru, os xamãs se refugiaram nas montanhas, onde conseguiram manter suas tradições sem alterá-las.

Quando perguntei a ela o que a atraíra nos ensinamentos do Dr. Villoldo, ela respondeu:

– Tenho formação científica, e sentia que o planeta está mudando. Por ter crescido perto de reservas indígenas, eu sabia que os povos nativos têm muito a nos ensinar sobre viver em equilíbrio por dentro e por fora. Alberto mistura o espiritual e o científico ao reconhecer a física por trás do modo como criamos nossa própria realidade e, ao mesmo tempo, retorna a métodos antigos de cura e respeito à nossa Mãe Terra.

Traci viajou ao Peru três vezes, onde trabalhou com xamãs nativos e visitou locais sagrados para realizar cerimônias e meditar. Ela descreve sua experiência no Peru como "inestimável".

A prática ensinada pelo Dr. Villoldo incorpora as técnicas de cura dos xamãs peruanos sob a forma de uma roda de cura. A meta é curar as pessoas e criar um campo de energia "clara e luminosa" que fique ao redor delas para tratar qualquer problema que estejam enfrentando, como luto, culpa ou tristeza. Eu tinha vontade de saber principalmente se seus ensinamentos lançariam luz sobre as marcas de mão, os tapetes ambulantes, os fios luminosos, as luzes piscantes e, mais recentemente, os círculos translúcidos de luz.

Tive várias sessões com Traci. Na primeira, visitei-a na casa onde ela estava hospedada, não muito longe da nossa. Ao entrar na sala de estar superiluminada, me concentrei, por alguma razão, nas estantes perto do sofá e não na vista espetacular das montanhas oferecida pela grande janela avarandada. Ali, nas prateleiras lotadas, vi dois itens que se destacaram de todos os outros. Um era o *Meditações*, do imperador romano Marco Aurélio. O mesmo livro que, arbitrariamente, tirei da estante de nossa biblioteca em Napa e, ao fazê-lo, descobri a página marcada por Max com a citação: "Não desprezes a morte; dá-lhe boa acolhida, como a uma das coisas que a Natureza quer." Quanta gente teria um exemplar desse livro? Por que, de todos os livros na estante durante essa sessão com Traci, este único volume atraiu meus olhos? Será que Max queria me dizer que estava lá comigo?

O segundo item aninhado entre os livros era uma boneca indígena americana. De cabelo preto, rosto de plástico rígido e roupa de camurça amarela, era idêntica, em tamanho e traços, à que meu pai me dera quando eu tinha uns 5 ou 6 anos. Estávamos num acampamento, e ele a comprou para mim numa loja de lembrancinhas perto do Parque Yellowstone. Eu nunca vira outra igual em todos aqueles anos. E, agora, ali estava ela. Não sei por que razão, ela me fez pensar instantaneamente em papai. Como Max, será que ele também estaria anunciando sua presença?

Traci começou seu trabalho comigo invocando vários arquétipos do mundo animal. Ela me disse que o jaguar "apareceu" durante nossa sessão, e que ele é um protetor que nos permite caminhar em paz. O jaguar nos ensina a cruzar a ponte entre este mundo e o mundo dos espíritos. Ele nos guia pelo caminho, para além do medo e da morte. Achei isso bem pertinente, porque se encaixava na jornada espiritual em que eu sentia estar. Ela indicou que esse jaguar permaneceria comigo, tomando conta de mim e sendo um aliado em meu percurso.

Em outra sessão, Traci me disse que tinha um sentimento visceral de que o espírito de Max realmente estava por aqui naqueles anos, mas que achava que ele estava se preparando para ir "para casa". Disse que era uma cura tanto para Max quanto para mim saber que ele seria capaz de "atravessar a ponte" para o outro lado e de encontrar aqueles que estavam lá para recebê-lo. Ela indicou que isso não significava que ficaria quieto por lá, mas que ele encontraria seu lar. E disse também que, juntas, nós nos concentraríamos em "fazer seu espírito seguir em frente com atenção bondosa e amorosa", que foi o que fizemos em nossa sessão e que fiz em práticas sozinha em casa, além de orações e meditação.

Essas experiências com Traci faziam parte das devidas providências que eu estava tomando para me expor a filosofias que pudessem colocar minha forma de pensar em questão. Nunca saberei se o espírito de Max atravessou a "ponte", mas foi esclarecedor aprender com Traci sobre as antigas práticas peruanas de cura.

Em julho, Jim e eu fomos para o norte de Idaho, em um rancho que ele divide com outros sócios. Comemorávamos nosso segundo aniversário de casamento. Adoro aquele lugar, e fizemos dessa comemoração um evento anual em julho. Só se chega ao Flying B Ranch, na bifurcação central do rio Salmon, a pé, a cavalo, pelo rio ou em pequenos aviões. Fica 60 quilômetros a sudoeste de Salmon, no estado de Idaho, no meio da Área Selvagem Frank Church-River of No Return. Nossa diversão é fazer trilhas e cavalgar, lançar ferraduras e jogar xadrez. As refeições são caseiras e anunciadas com a batida de um ferro contra um triângulo, como nos antigos filmes de bangue-bangue. À noite, dá para ouvir o som do rio correndo atrás de nossa cabana.

Após alguns dias de descanso, voltamos para Sun Valley. Logo depois de chegarmos, Jim entrou na sala de descanso. Eu estava ali perto, na cozinha (não estava cozinhando. Isso nunca aconteceria!), quando o ouvi dizer em voz alta para si mesmo:

– O que é isso?

Desci o corredor até a sala e espiei para ver com meus próprios olhos. Lá, no braço de uma de nossas três poltroninhas de camurça, havia uma grande pegada. É isso mesmo. Uma pegada bem grande no braço da poltrona.

Achei que já tivesse visto de tudo. Parece que não. Um pouquinho apreensiva, os lábios se contraindo involuntariamente, produzindo uma fenda apertada, me vi representando uma pessoa bem composta. Com voz resoluta e tranquila, falei:

– O quê? A pegada na poltrona?

Foi quase cômico. Mas não era nada engraçado. Será que eu estava enlouquecendo? Nós dois estávamos enlouquecendo? Fosse o que fosse, parecia estar me seguindo. A casa de Sun Valley era a quarta (contando com a alugada onde ficamos durante a construção da nossa) em que testemunhávamos acontecimentos estranhos. Mais do que apenas um padrão, era um padrão muito persistente que já durava mais de seis anos. E não era como aqueles fenômenos comuns que costumamos encontrar na literatura sobre o assunto. Luzes que piscam, portas que se fecham, relógios que param e são bem documentados. Mas marcas de mão no espelho, tapetes que andam por vontade própria e uma grande pegada no braço da poltrona? Isso não era normal.

Olhei a pegada e ergui os olhos para Jim, em pé bem diante da poltrona, paralisado.

– O que você acha que é? – perguntei.

– Não faço ideia – respondeu ele.

A imagem era muito maior que o tamanho médio de um pé, semelhante à marca de mão enorme no espelho do banheiro em Sacramento. Do ponto de vista de quem estivesse sentado na poltrona, a pegada estava no braço esquerdo. Não havia nada ao lado da poltrona; ela ficava bem no meio da sala, de frente para as duas outras. O teto fica a 4,5 metros de altura, sem nenhuma luminária acima da poltrona além das lâmpadas embutidas. Em outras palavras: não há razão para alguém precisar subir nela.

Então notamos algo ainda mais estranho. A marca era de um pé esquerdo descalço, com o calcanhar na parte da frente do braço e os dedos apontando para o encosto. Isso significa que o pé direito correspondente estaria pendurado no ar. Não pude deixar de pensar que era uma façanha impossível.

– Tem certeza de que Veronica [a faxineira] não esteve aqui? – perguntei.

– Ela vem às quartas, nunca no fim de semana, e o pé dela tem metade do tamanho desse aí – lembrou-me Jim.

Eu sabia que estava apenas procurando respostas fáceis, explicações racionais.

Tiramos fotografias e decidimos observar atentamente a pegada nas 48 horas seguintes. O mais espantoso foi que, ao contrário das marcas de mão, a pegada mudou de lugar e composição nos dois dias que a observamos. Ela se deslocou um pouquinho da esquerda para a direita, e acabou parecendo que escorregaria da poltrona. Também surgiu uma linha fina no meio do pé que não estava ali no primeiro dia. E uma leve extensão do dedão começou a se formar.

Só consigo descrever meus sentimentos na época com uma analogia. O efeito combinado de todos os fenômenos dos seis anos anteriores fez com que me sentisse como se alguém estivesse falando comigo numa língua estrangeira. E a mensagem parecia ser importante. Mas, como eu só conhecia poucas palavras, tinha dificuldade de traduzi-la e entendê-la. O idioma e a comunicação eram animados e incrivelmente criativos. Mas por que eram tão difíceis de decifrar? Nunca fiquei tão curiosa, perplexa e instigada quanto naquela ocasião.

Aquele foi um ponto de virada. Jim e eu concordamos que precisávamos parar de ser reativos e começar a ser mais proativos. Decidimos concentrar nossos esforços e tomar a iniciativa de investigar mais a sério o que ocorria.

– Algumas pessoas podem simplesmente aceitar as coisas e seguir com a vida – disse ele. – Não sou uma dessas. Tenho que entender e quero que você entenda o que isso significa.

Foi nesse momento que decidi que teria que levar esses acontecimentos extraordinários a alguém que realmente pudesse me ajudar a entendê-los e colocá-los em perspectiva. Eu tinha que saber o que não sabia. Precisava vencer a barreira da linguagem.

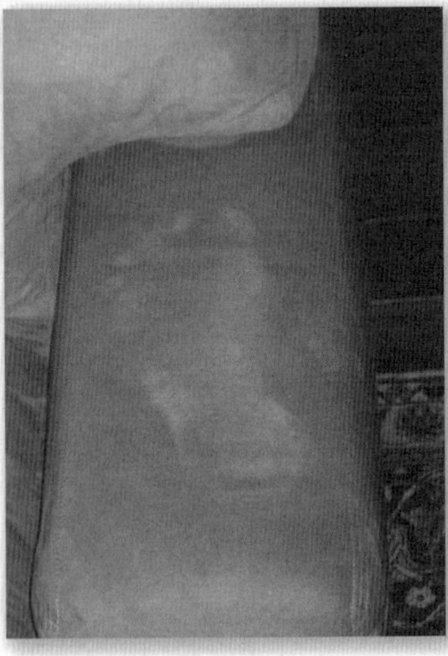

Em julho de 2010, uma pegada apareceu no braço de uma poltrona em nossa casa em Sun Valley, Idaho.

capítulo 15

Não estou louca

A PEGADA ERA UMA EVIDÊNCIA DO FATO DE QUE OS FENÔMENOS do outro mundo não estavam diminuindo. Depois de testemunhar vários deles durante anos, agora eu lidava com uma pegada espontânea que se alterara no decorrer de dois dias.

Em última análise, isso levou à decisão de me encontrar pessoalmente com alguma autoridade no campo da parapsicologia para obter ajuda. Eu queria uma visão geral e precisava preencher a lacuna do meu conhecimento. Estava decidida a entender a sério os dados científicos por trás desse fenômeno e aprender mais sobre o estudo da consciência. Telefonei para o Dr. Wendland e perguntei quem ele recomendaria. Ele se ofereceu para me apresentar ao Dr. Dean Radin, que foi seu parceiro na experiência a respeito do efeito da intenção consciente sobre os padrões luminosos. Jim concordou em ir comigo, e juntos planejamos nossa viagem para entrevistar o Dr. Radin no norte da Califórnia.

Minha mente estava a mil enquanto viajávamos de Sun Valley a Petaluma, na Califórnia, para nos encontrarmos com o Dr. Radin, cientista-chefe do Instituto de Ciências Noéticas (Institute of Noetic Sciences, IONS). O nome do instituto vem da palavra grega *nous*, que significa "mente intuitiva" ou "conhecimento interior". O IONS se dedica a explorar o poder e o potencial da consciência. Lá, os cientistas também fazem pesquisas sobre fenômenos que ainda não se encaixam nos modelos científicos predominantes. Parecia ser quase exatamente o que eu procurava.

Edgar Mitchell, astronauta da Apollo 14 e doutor em aeronáutica e astronáutica pelo MIT, fundou o IONS em 1973. Em uma viagem de volta à Lua, o Dr. Mitchell teve uma experiência avassaladora, visceral e majestosa que acabou fazendo com que desenvolvesse uma vontade passional de compreender mais. Como ele disse mais tarde, "começou com uma experiência de tirar o fôlego, que foi ver o planeta Terra flutuando na vastidão do espaço. A presença da divindade se tornou quase palpável, e eu soube que a vida no Universo não era apenas um acidente baseado em processos aleatórios. Esse conhecimento me veio diretamente – noeticamente. Estava claro que o Universo tinha significado e direção."

Antes de minha reunião com o Dr. Radin nas instalações de pesquisa do instituto, perto do centro de Petaluma, ele organizou gentilmente uma visita ao centro de retiro experimental do IONS fora da cidade. Os 80 hectares de lindas terras pastoris parecem bem mais remotos do que sugeririam os meros 60 quilômetros de distância de São Francisco até lá. E digo "pastoril" literalmente. Centenas de cabras e ovelhas pastam na propriedade, que é muito silenciosa e tranquila.

Nossa visita foi guiada por Lisa VanderBoom, uma moça atraente, inteligente e cheia de energia, claramente dedicada à missão da organização. Não demorou para começarmos a trocar experiências espirituais pessoais. Ela explicou que as instalações são usadas principalmente para oficinas e treinamentos e podem abrigar até cem hóspedes. As aulas são dadas pelo instituto ou por instituições similares.

Depois da visita, Jim e eu fomos até o centro de pesquisas nos encontrar com o Dr. Radin, um homem intenso, embora tranquilo, com intelecto obviamente aguçado e muita sagacidade. Ele possui o modelo do bom professor. Também não é muito difícil imaginá-lo como *spalla*, já que foi violinista profissional durante cinco anos. É um ouvinte atento e generoso com seu tempo e suas ideias.

Pela interação amistosa entre ele e a equipe, ficou claro que é tido em alta conta. Quando íamos começar nossa reunião em sua mesa, alguém enfiou a cabeça pela porta e perguntou se gostaríamos de acender a luz. "Ah, claro, boa ideia", disse o Dr. Radin. Talvez seja o clássico professor esquecido que há dentro dele. Seja como for, gostei dele na mesma hora, porque era despretensioso, informal e confiante, não se impressionava facilmente e não precisava impressionar ninguém.

O Dr. Radin é formado em Engenharia Elétrica pela Universidade de Massachusetts e tem mestrado em Engenharia Elétrica e doutorado em Psicologia Educacional pela Universidade de Illinois. Ele começou a carreira fazendo pesquisa industrial nos laboratórios da AT&T Bell, mas logo soube que queria se concentrar no estudo da consciência.

Ele alcançou fama nacional em 1996, quando o *The New York Times Magazine* publicou uma reportagem a seu respeito. Em 1997, ele publicou seu primeiro livro, *The Conscious Universe* (O universo consciente). Em 2006, saiu o segundo livro, *Mentes interligadas*. Seu livro mais recente, publicado em 2013, é *Supernormal: Science, Yoga, and the Evidence for Extraordinary Psychic Abilities* (Supernormal: ciência, ioga e indícios de capacidade psíquica extraordinária). Ele também fundou uma instituição de pesquisa no Vale do Silício chamada Boundary Institute (Instituto Fronteira) com o cientista da computação Richard Shoup. O Dr. Radin foi eleito presidente da Associação Parapsicológica em 1988, 1993, 1998 e 2005.

Em grande medida, marquei essa reunião para tratar de questões específicas que me incomodavam. Minhas experiências são muito fora do comum em relação a outras? Como entendê-las cientificamente, se é que isso é possível? Em que consiste o campo da parapsicologia? Que tipo de pesquisa e análise realiza o Dr. Radin? E qual é seu conceito de consciência? Secretamente, lá no fundo, tenho de admitir que tinha esperança de descobrir se eu estava enlouquecendo ou não!

Começamos conversando sobre seu trabalho pioneiro com meta-análises. Com sua permissão, gravei a conversa e fiz anotações o tempo todo. Aprendera com meus encontros anteriores com o Dr. Wendland, a Dra. Herran e Loyd Auerbach que as informações que eu estava recolhendo, além de desconhecidas, às vezes intimidavam. Escutar com atenção era indispensável.

Aprendi que meta-análise é um processo que combina o resultado de experimentos de tipo semelhante e o analisa estatisticamente em busca de padrões. O Dr. Radin fez esse trabalho na Pesquisa de Anomalias de Engenharia de Princeton (PEAR, na sigla em inglês), criada em 1979 por Robert Jahn, doutor em Física pela Universidade de Princeton, e sua colega Dra. Brenda Dunne (e batizada com um nome inócuo para evitar o estigma da parapsicologia). A PEAR funcionou até 2007.

O Dr. Jahn queria estudar a hipótese da física quântica apresentada por Niels Bohr, que propusera que ninguém jamais saberia a localização exata de um elétron até que ela fosse detectada. (Era a mesma teoria que o Dr. Wendland me explicara como a Interpretação de Copenhague.) A premissa é que o que realmente determina a localização é o observador. Depois de anos de investigação, a equipe da PEAR descobriu que os seres humanos realmente podem afetar o resultado de algo, em geral aleatório, quando se concentram em determinadas ocorrências.

Em 1987, como a pesquisa do Dr. Radin se estendia por várias disciplinas e ele se interessava por parapsicologia, o Dr. Jahn o convidou para coordenar um programa que era administrado no laboratório da PEAR. Uma das responsabilidades do Dr. Radin era analisar o resultado de mais de 800 experimentos.

Com a meta-análise, o Dr. Radin fez uma descoberta espantosa: a probabilidade de a mente humana afetar um resultado qualquer era maior que um trilhão para um.

Ele não é o único a fazer meta-análises desse tipo de experiência.

– Muitas dessas meta-análises foram publicadas desde a década de 1980, como descrevo em meus livros – disse o Dr. Radin. – Elas aumentaram de forma significativa a comprovação empírica dos fenômenos *psi*.

Aprendi com o Dr. Radin que o termo "psi" (vigésima terceira letra do alfabeto grego) foi usado em 1942 pelo psicólogo britânico Robert Thouless para se referir a todos os fenômenos psíquicos. A telepatia, ou conexão mente a mente, é uma das ocorrências *psi* mais comuns. Outras são clarividência, ou perceber objetos ou eventos distantes; precognição, ou perceber eventos futuros; e psicocinese, quando a mente afeta a matéria. Entre os fenômenos *psi* também estão as experiências de quase morte, as experiências fora do corpo, a cura psíquica, as comunicações após a morte, as aparições e outras atividades paranormais.

Outra famosa meta-análise de um tipo de teste de telepatia chamado "experimento de *Ganzfeld*" (palavra alemã que significa "campo inteiro") verificou que os indícios laboratoriais controlados de telepatia tinham probabilidade dez vezes maior de serem válidos do que o resultado de vários estudos que indicavam que a aspirina é útil para evitar ataques cardíacos.

– O curioso – ressaltou o Dr. Radin – é que milhões de americanos tomam religiosamente sua aspirina diária, enquanto céticos continuam a duvidar dos efeitos da consciência.

Em seus estudos de fenômenos psíquicos, o Dr. Radin desenvolveu uma forma inigualável de medir a premonição, ligando os voluntários participantes da pesquisa a sensores que medem o ritmo cardíaco, a pressão arterial e o grau de condutibilidade de eletricidade da pele. Com o uso de fotografias numa sequência imaginada para estimular emocionalmente os voluntários, o estudo demonstrou que eles eram capazes de prever o que veriam em seguida.

Pedi ao Dr. Radin que definisse a natureza da consciência de acordo com sua pesquisa. Com base em numerosas experiências, ele especula que a consciência tenha, pelo menos, cinco características gerais.

Em primeiro lugar, a consciência não apenas existe como se estende para além dos indivíduos e tem propriedades quânticas que afetam a probabilidade de ocorrência de eventos.

Em segundo lugar, ela introduz ordem nos sistemas de forma proporcional à sua força.

Em terceiro, a força da consciência flutua de acordo com o nível de concentração.

Quando o Dr. Radin menciona esse terceiro ponto, penso na concentração na vida cotidiana e em como esta se traduz em resultados, seja no caso de um grande atleta treinado e disciplinado, um músico, um médico, um artista plástico ou um executivo. Quando, como seres humanos, nos concentramos no que queremos e trabalhamos para alcançar esse objetivo, podemos obter (e com frequência conseguimos) resultados que vão além da norma. Também funciona assim depois que morremos? Será que a concentração intensa cria resultados excepcionais? Essa atividade persistente se deverá à concentração dedicada de Max em outro plano?

Em quarto lugar, grupos têm um tipo de consciência compartilhada quando todos os seus membros se concentram num mesmo acontecimento ou objeto. O Dr. Radin foi um dos primeiros a demonstrar essa consciência coletiva. Ele usou o julgamento de O. J. Simpson, em 1995, quando, no mundo inteiro, meio bilhão de espectadores pararam para assistir à absolvição, e conseguiu mostrar uma mudança sutil, mas significativa, na imprevisibilidade de geradores de números aleatórios colocados em vários locais. A conclusão foi que o efeito da consciência combinada pode ser medido e que a distância é irrelevante. Mudanças semelhantes foram registradas em outros importantes acontecimentos mundiais: entre eles, os ataques trágicos do 11 de Setembro e a eleição de Barack Obama para presidente dos Estados Unidos em 2008.

Se isso é um indício da consciência coletiva e de sua independência em relação à distância, por que ela se limitaria a seres humanos e à geografia física da Terra? Não seria possível que a mesma consciência coletiva fosse ligada aos espíritos, assim como à Terra? Em poucas palavras, será que a consciência está livre de todas as barreiras físicas? Indo um passo além, será que quando morremos nos unimos a uma consciência coletiva? Será que podemos nos unir e, com firme intenção, formar a "probabilidade de ocorrência de eventos", como diz o Dr. Radin, através da fronteira entre vida e morte?

A quinta característica da consciência identificada pelo Dr. Radin é que os sistemas físicos reagem à consciência concentrada tornando-se mais ordenados. Ele diz que os indícios mostram que, de certa forma, intenção e atenção dão forma à realidade.

– A intenção forte trabalha o espaço-tempo de modo a nos colocar na mesma órbita das coisas externas – disse ele.

Tive que fazer uma pausa para respirar fundo. O tempo todo, eu me perguntava se a forte intenção de Max que se estendia do mundo dos espíritos até este lado teria persistido se não fosse a atenção que eu lhe dava. No decorrer de minha jornada, estabeleci a intenção de prestar atenção aos acontecimentos extraordinários que vivenciava porque estava profundamente curiosa e dedicada a tentar entender o que significavam. Dito de outra maneira: será que colaborei com Max ao estimular essas ocorrências? Será que, juntos, nós dois trabalhamos o espaço-tempo de modo a entrarmos na mesma órbita e atravessar a fronteira entre vida e morte? Isso seria possível?

Fiquei curiosa com a ideia de sincronicidade desde que li sobre a teoria de C. G. Jung a esse respeito em *The Conscious Universe*, do Dr. Radin. De acordo com o dicionário *Merriam-Webster's*, sincronicidade é "a ocorrência coincidente de acontecimentos, principalmente psíquicos (como pensamentos semelhantes em pessoas muito distantes ou a imagem mental de um acontecimento inesperado antes que ele aconteça), que parecem relacionados, mas não são explicados pelos mecanismos convencionais de causalidade – usado especialmente na psicologia de C. G. Jung". Pedi ao Dr. Radin que me explicasse melhor.

Em resposta a meu pedido, o Dr. Radin me contou uma espantosa história pessoal sobre o que parece ser um caso incrível de coincidência ou um caso de grande sincronicidade. No início de 2000, quando ele e Richard Shoup criaram o Boundary Institute, em Palo Alto, os aluguéis estavam tão caros que eles acabaram alugando uma salinha num prédio comercial em Los Altos, junto a muitas outras pequenas empresas de profissionais liberais.

– Nem tínhamos nome na porta ainda, mas eu já sonhava em equipar e mobiliar o escritório e o laboratório – disse o Dr. Radin. – Eu imaginava tudo o que precisaríamos e como eu arrumaria as coisas.

Depois de ir trabalhar várias semanas no novo escritório, ele decidiu fazer um caminho diferente, que o levou a notar uma empresa chamada PSI Quest Lab na porta ao lado.

– Imaginei que fosse uma empresa comum, mas não entendia por que precisavam de um laboratório. Minha curiosidade me venceu e, um dia, fui até lá e olhei pela janela. Não vi ninguém – disse ele.

Ele passou por ali várias vezes, mas nunca via ninguém. Continuou ocupado escolhendo equipamentos e planejando a arrumação de seu laboratório.

– Outra semana se passou e, uma vez, quando eu estava indo embora, olhei de novo pela janela do PSI Quest Lab. Dessa vez, havia alguém lá dentro. Então toquei a campainha com a intenção de me apresentar, e um cavalheiro veio atender. Quando abriu a porta, ele faz cara de choque. Achei que estivesse sofrendo um ataque cardíaco, mas ele não disse nada. Fiquei sem saber o que fazer, porque, normalmente, quando alguém abre a porta, costuma dizer alguma coisa. Então, para preencher o silêncio, eu falei: "Olá, sou do escritório aqui ao lado." Mas ele me interrompeu e disse: "O senhor é Dean Radin."

O Dr. Radin não fazia ideia de quem era aquele homem.

– Bom, acontece que aquela era uma empresa privada aberta por um ex-funcionário da Apple, um dos desenvolvedores do Power Book original. Ele investiu tudo o que tinha e fazia o mesmo tipo de pesquisa que nós. Disse que sempre quisera pesquisar fenômenos psíquicos. Ele me contou que passara todos os dias em seu laboratório usando a técnica dos iogues tibetanos do sonho e do sono para me trazer para sua vida. No ioga tibetano dos sonhos, entramos num tipo de transe. Ele disse que queria fazer com que eu aparecesse e entrasse em sua diretoria para ajudá-lo a levantar recursos. Dá para imaginar meu espanto? E eu apareci mesmo. Há pouquíssimos laboratórios de fenômenos psíquicos no mundo, e ali estávamos nós, um ao lado do outro. Então foi a minha vez de ficar chocado. Ele me convidou a entrar e vi que seu laboratório era exatamente o mesmo com que eu vinha sonhando, só que na sala ao lado.

Segundo o Dr. Radin, esse tipo de sincronicidade, quando as coisas acontecem ao mesmo tempo, tem um significado real.

– Funciona se uma ou mais pessoas desejam em certo nível – disse ele. – Ele manifestara algo em seu lado da sincronicidade porque imaginava que precisava de mim, assim como eu imaginava que precisava de certo tipo de laboratório. Nossas órbitas se encontraram, de modo que as decisões de nosso livre-arbítrio me levaram a abrir a porta e ao nosso encontro.

Devido ao grande número de histórias como a dele, a minha e a de outros que ouviu, o Dr. Radin tem dificuldade de entender a falta de dedicação ao estudo dos fenômenos psíquicos.

Ele explicou que praticamente todos os fundadores da física moderna questionaram o papel da consciência no Universo físico. Aprendi que o principal deles foi Werner Heisenberg, que o Dr. Wendland tinha mencionado em nossos encontros. Além de Werner Heisenberg, o Dr. Radin citou Erwin Schrödinger e Albert Einstein, que também questionaram o papel da consciência. E há vários outros cientistas contemporâneos que fazem o mesmo. Mas o Dr. Radin só encontrou poucos estudos sobre consciência publicados nas principais revistas de física da atualidade. Na verdade, a qualquer dado momento há no mundo menos de 50 cientistas doutores dedicados à pesquisa de fenômenos psíquicos em tempo integral.

– Se todos os recursos gastos na pesquisa de câncer num único ano fossem gastos num só dia, o financiamento comparativo da pesquisa de fenômenos psíquicos, no mundo inteiro e em toda a história, consumiria meros 43 segundos – disse ele.

Dr. Radin me contou que, alguns anos atrás, foi proposto que, se apenas 1% dos fundos nacionais de pesquisa fosse dedicado a fenômenos psíquicos, isso seria várias centenas de milhões de vezes mais do que se aplicava à área na época.

Perguntei-lhe o que faria se tivesse mais recursos.

– Criaria programas de educação avançada para levar estudantes e cientistas a acelerar os trabalhos sobre as evidências disponíveis e continuaria a estudar a natureza da interação entre mente e matéria, como faço há alguns anos.

Ele acredita que o futuro do campo depende, em grande medida, da demanda pública. Se o interesse for alto, haverá recursos para a pesquisa.

– Se todos se mantiverem desconfiados diante da pesquisa de fenômenos psíquicos, ela continuará na periferia e não avançaremos para o estágio seguinte. É simples assim – explicou.

Por mais frustrante que seja, ele mantém uma atitude saudável e o bom humor. Assim, descreve os cinco estágios pelos quais uma nova ideia passa até ser aceita pela ciência tradicional.

– No primeiro estágio, os céticos proclamam que a nova ideia é impossível e viola as leis da ciência – disse ele. – No segundo estágio, os céticos declaram que a ideia é até possível, mas desinteressante, e que os efeitos são tão irrelevantes que ninguém se importaria. No terceiro, os cientistas tradicionais começam a perceber que a ideia é importante e que os efeitos são mais intensos do que se pensava. No quarto, os mesmos céticos anunciam que foram os primeiros a pensar nessa nova ideia. E, finalmente, no quinto estágio, quase ninguém se lembra de que a ideia chegou a ser considerada polêmica, e os poucos que lembram esqueceram por quê.

Ele nos vê na transição do primeiro estágio para o segundo. Temos claramente um longo caminho a percorrer, que exigirá mais pesquisas, e uma atitude mais aberta por parte do público em geral é igualmente importante.

– A maioria diz: "Acreditarei quando conseguir ver" – disse o Dr. Radin. – Mas, na verdade, veremos quando conseguirmos acreditar.

Sentada na sala do Dr. Radin, mostrei-lhe cada uma de minhas fotografias, e me lembrei novamente de como esses acontecimentos me afetaram. Primeiro o choque, depois um tipo de negação misturado com algum interesse, seguido por uma imensa curiosidade e a vontade de aprender... durante anos. Ele pareceu curioso com minha história e, sendo o cientista que é, identificou imediatamente algumas coisas que eu deveria ter feito: testar as impressões digitais das marcas de mão, realizar uma análise química, fazer uma medição de vibrações no chão, no caso dos tapetes. É claro que ele tem razão. Mas não passei a vida em laboratórios científicos; passei-a em jornais. Por sorte, a experiência falou mais alto e tive a presença de espírito de fotografar e documentar o que vira.

– Os céticos dirão que alguém fez essas marcas, e que os tapetes e os outros fenômenos foram imaginados, ou que você teve alucinações e estava sofrendo com o luto – avisou o Dr. Radin.

Provavelmente ele tem razão. Mas é aí que entra a coragem de fazer a coisa certa apesar dos céticos e críticos. O Dr. Radin é um grande exemplo. Ele teve coragem de promover sua pesquisa e suas opiniões diante da má vontade e do ceticismo da maior parte da comunidade científica.

Agora chegara a hora de fazer a pergunta que me levara ali. Ele já vira algo parecido com aquelas marcas de mão? Eu supunha que o que lhe mostrara estava muito distante do usual e o espantaria. Não poderia estar mais enganada.

Ele me disse que não se lembrava de nenhuma experiência exatamente igual àquelas pelas quais eu passara, mas que ele e os colegas veem regularmente coisas semelhantes na pesquisa que realizam – milhares de coisas, na verdade. E o relógio que parou às 12h44? Ele disse que dá para escrever um livro inteiro sobre relógios parados por razões inexplicáveis associadas a acontecimentos emocionais. Assim, depois de todo esse tempo e da angústia que eu sentia, inclusive a sensação de que, sim, eu poderia estar maluca, aprendi que minhas experiências não são tão incomuns assim.

O que eu achava extraordinário na verdade era ordinário. Ao que parece, paranormal é normal. Eu só não sabia. E há uma razão: todos têm medo de admitir o que vivenciaram. Relutam em falar publicamente por medo de serem condenados.

Fiquei sem saber se ria ou chorava. Em vez de sentir alívio por não estar sozinha em minhas experiências e, portanto, não estar enlouquecendo, fui pega totalmente de surpresa por uma emoção diferente. Senti-me ignorante e me perguntei por que não sabia nada sobre parapsicologia e o estudo da consciência. Por que não sabia que muita gente tem experiências semelhantes? Eu estava aprendendo uma lição valiosíssima. Tinha a ver com uma mudança de perspectiva. Não é porque ninguém fala abertamente sobre alguma coisa que essa coisa não existe. É por isso que pesquisa e educação são indispensáveis. Se continuarmos confortáveis com nossa forma de pensar e não a colocarmos em questão para aprender novas maneiras de pensar e de ver o mundo, podemos acabar ingênuos e ignorantes ao mesmo tempo.

Jim e eu não dissemos nada no caminho de volta ao hotel, processando em silêncio o que tínhamos ouvido. Ele tinha o remédio perfeito para nós: um passeio com Blue na praia de Bodega Bay. Jim jogou uma bola nas ondas para Blue e me sentei numa cadeira para refletir sobre o que aprendera. A reunião fora um grande acontecimento para mim. Tinha achado que minhas experiências chocariam o Dr. Radin, mas aconteceu o contrário. Ele é que me afetou profundamente ao dizer que minhas experiências não são raras. Fiquei sentada na praia pensando no que tudo isso significava e em como afetaria o progresso de meu ponto de vista.

Então tive um estalo, como as revelações costumam provocar.

Eu passara aqueles últimos anos com o medo sutil mas incômodo de que minha exposição a essas ocorrências espantosas significasse que, de certo modo, eu não era "normal". Como os acontecimentos eram estranhíssimos, a princípio me calei. Acabei contando minhas experiências, mas selecionei bem as pessoas com quem me abri, pois não queria que ninguém achasse que eu estava maluca. Se achassem, talvez isso significasse que, sim, eu estava louca. Mas agora, pela primeira vez, eu tinha a confirmação de que eu não era tão incomum assim. Na verdade, eu era normal.

Por que eu não sabia que essas experiências não são raras? Considero-me relativamente bem informada. Por que o público em geral não sabe disso? O fato de muita gente vivenciar o mundo sobrenatural, mas poucos falarem a esse respeito, é uma questão cultural e social que precisa ser levada em consideração. Não seria bem melhor se todos entendêssemos que não há nada errado em sentir, ouvir ou receber uma comunicação de um ente querido que morreu?

Foi então que me lembrei de outra coisa que o Dr. Radin escreveu em seu livro *The Conscious Universe*. Ele cita Andrew Greeley, padre e sociólogo da Universidade de Arizona, que, numa pesquisa de 1987, verificou que 67% dos americanos adultos relatavam ter passado por experiências psíquicas. Greeley também descobriu que muitas viúvas que descreveram contatos com o marido morto não acreditavam, antes disso, na vida após a morte.

De acordo com ele, "as pessoas que tiveram contato com a paranormalidade, quer a aceitem intelectualmente, quer não, não são fanáticos religiosos nem têm problemas psiquiátricos. Em sua maioria, são americanos comuns, um pouco acima da média em inteligência e em nível de educação e um pouco abaixo em envolvimento religioso".

Esse foi um momento fundamental em minha jornada, um verdadeiro ponto de virada. Eu acreditava que minha história fosse extraordinária e passei a perceber que esse tipo de ocorrência acontece com muita gente. Em outras palavras: extraordinário era o fato de tudo isso ser tão normal.

Percebi, sentada na cadeira de praia em Bodega Bay, observando Jim e Blue brincarem com a bola, que já estava na hora de eu começar a falar abertamente, sem vergonha nem constrangimento. A partir desse ponto, prometi a mim mesma que me abriria não só com os entrevistados de minha pesquisa, mas com outros amigos e familiares também. E se pudesse trazer conforto a alguém, isso seria um privilégio.

Foi algo que mudou a minha vida. Eu me senti livre. Liberada. Sem amarras.

capítulo 16

Despertar espiritual

Em junho de 2011, Jim, que gosta de planejar tudo com antecedência, me perguntou o que eu queria em meu sexagésimo aniversário, em outubro. Foi um gesto gentil de sua parte, mas eu não estava interessada no assunto. Significaria admitir que, de fato, eu faria 60 anos. Não era possível.

Eu passara a maior parte dos últimos 18 meses jogando fora, sem nem abrir, todos os folhetos que recebia de uma entidade americana voltada para pessoas com mais de 50 anos e que oferece seguro-saúde, programas de férias, viagens e outros tipos de comodidade. A verdade é que eu os achava um tanto incômodos. Estava em completa negação. Mas Jim foi persistente, e, afinal, certo dia respondi: "Tudo bem, você decide, porque não consigo." Ele não demorou para declarar que iríamos para Canyon Ranch. Ele me disse que o Rancho (como o chamam) fora "feito sob medida" para mim, devido a meu interesse em nutrição e boa forma. E ele sabia que eu também gostaria dos aspectos espirituais do local.

Tínhamos vendido a casa de Yountville e comprado outra na Flórida para ficar perto da família de Jim, e, como planejávamos ir para lá em outubro, achamos que seria melhor ir ao Canyon Ranch de Lenox, em Massachusetts, em vez de ir à matriz, em Tucson. Jim nunca vira as folhas de outono no nordeste, e parecia uma forma ótima de combinar uma viagem pela região com a estadia no rancho. Mas, antes da viagem, Vermont sofreu uma grande inundação, e os hotéis que tínhamos reservado não estavam mais disponíveis. "Então vamos para Tucson", sugeriu Jim alegremente.

Entrei novamente no site do Canyon Ranch e logo imaginei o céu aberto e os maravilhosos desfiladeiros, a atração do sudoeste e a magia do deserto. Comecei a pensar na cultura dos índios americanos. Além disso, Tucson era a alma do conceito original criado em 1978 quando Enid e Mel Zuckerman fundaram juntos o Canyon Ranch. Nas décadas de 1930 e 1940, a propriedade era um rancho comum; nas décadas de 1940 e 1950, virou um hotel-fazenda. Os Zuckerman o compraram e o transformaram, reformando os antigos prédios e cuidando da paisagem para transmitir o espírito atemporal da terra.

Fui convencida. Mudamos nossas reservas.

Com outubro se aproximando, fiquei cada vez mais empolgada e me lembrei da sorte de ter Jim, sempre tão atencioso e generoso. A ideia tinha sido dele, e finalmente eu notava sua sabedoria. Comecei a fazer as malas, o que era mais fácil quando se viaja para o deserto. Roupas para exercícios, camisetas e bermudas. Nada de maquiagem. Talvez essa coisa de fazer 60 anos não fosse tão ruim assim.

Recebi o folheto e comecei a considerar minhas opções. Pelo lado divertido, eu finalmente teria a oportunidade de praticar ioga e tai chi. Eu falava em fazer aulas de ioga desde que me aposentara em 2008, mas não passava disso. Agora eu tinha uma oportunidade! Finalmente, a temida flacidez do tríceps e da barriga seria atacada no Rancho. E por que não fazer aulas de "Mãos na cozinha", uma vez que eu nunca cozinhara em nenhum dia na vida? Epa, epa, espere um minuto. Aí já seria forçar a barra. Decidi me concentrar nos exercícios e no trabalho corporal. Aulas sobre alimentação saudável, melhores práticas respiratórias, Pilates, condicionamento dos músculos do core, alongamento, treinamento de força e cuidados com a pele. Eu esperava que essa visita fizesse o tempo voltar uns dez anos ou, pelo menos, me transformasse numa sessentona mais jovial.

Pelo lado mais sério, verifiquei as opções espirituais e fiquei contentíssima ao ver numerosas alternativas. Eram oferecidas aulas de orientação espiritual, meditação, cura e alinhamento de corpo, mente e espírito. O currículo oferecia tradições espirituais ocidentais e orientais, e uma equipe completa para ajudar a cultivar uma "existência espiritual", determinar um caminho espiritual ou auxiliar a "integrar a espiritualidade na vida cotidiana". Havia "aconselhamento e ferramentas intuitivas" à disposição. Quanto mais eu lia, mais empolgada ficava. Essa era uma oportunidade inigualável, e eu mal podia esperar!

O Rancho parecia mágico desde o momento em que pusemos os pés na propriedade. Fiquei emocionada com a paz e a tranquilidade do deserto. O céu era de um azul profundo, e o ar, quente e seco. Decidi dar outra olhada no folheto para ver as aulas específicas a que eu poderia assistir enquanto estivéssemos ali.

Sentei-me em nossa suíte com a lista de possibilidades da semana e fiz minha escolha. Eu aguardava com expectativa especial a sessão de meditação profunda e a de orientação da alma. Mas tomei o cuidado de boicotar três aulas: "Acolhendo o envelhecimento", "Boa forma da memória" e "Bingo". Nem aos 90 vou fazer aulas assim.

Enquanto isso, Jim, que estimulava meu foco espiritual, ocupara todas as horas do seu dia com aula de "Dicas de *full swing* no golfe", seguida por "Cardiogolfe", "Dicas para jogos curtos de golfe" e "Clínica do golfe: *putting*". Eu poderia continuar, mas acho que você já entendeu.

Minha primeira aula chamava-se "Cultivando a paz interior". A instrutora falou do alinhamento entre nossa alma e a vida exterior. Ela me estimulou a escutar meu coração e explorar e investigar o caminho espiritual.

– O caminho nos escolhe, portanto escute – disse ela.

Ela me explicou que a alma tem dois propósitos: aprender e ensinar. Seu conselho foi que eu escutasse, ficasse imóvel e confiasse. Quando falamos sobre a "fonte", ela ensinou que nossa sabedoria fica no coração. As qualidades vêm do divino, e são sabedoria, confiança, força, coragem, paciência, amor, gratidão, proteção, paz e, principalmente, perdão.

Numa outra sessão particular, fui conduzida por um exercício de meditação profunda e concentrada, quase como uma oração. Mandaram que eu respirasse devagar e aquietasse meu corpo, concentrando-me intensamente no "Universo". O instrutor me orientou:

– Que palavra quer usar para chamar a fonte do amor? Jesus? Deus? Buda? Você escolhe.

Não sei por que isso surgiu na minha cabeça, mas a expressão que escolhi para o exercício foi "O Uno". Repetimos isso juntas. Eu só conseguia sentir o som do "Uno" como uma vibração, um tom ou uma capacidade sem fim. As coisas começaram a derreter e se suavizar. Fiquei comovida ao ver como algo tão simples e puro podia ser tão rico e gratificante.

Depois da sessão, caminhando pelo local, parei junto a um chafariz no pátio central. Fiquei fitando-o. Minha noção de tempo evaporou. Não sentia separação entre mim e o resto do Universo. Tive uma sensação de "conhecimento" absoluto, ligado à luz do sol que refletia no chafariz. Não sei se foi um momento de "consciência cósmica", só sei que a serenidade que senti foi extraordinária. Não tive dúvidas de que havia algo sagrado naquele rancho.

Certa noite, quando saímos do refeitório e cruzamos o saguão, Jim perguntou se eu sabia da sessão das oito com o Dr. Gary Schwartz, professor da Universidade do Arizona.

– Ele vai discutir sua pesquisa mais recente sobre o papel do espírito na saúde e na vida cotidiana. Você tem que ir – disse ele.

Fui e pedi a ele que fosse comigo. O Dr. Schwartz também é

diretor de Desenvolvimento de Serviços de Energia Curativa do Canyon Ranch e colabora com pesquisas sobre ciência dos biocampos e cura energética. É um homem muito inteligente e engraçado, cheio de energia. Seu entusiasmo é contagiante. Ele tem um talento maravilhoso para transmitir ideias novas de uma maneira fácil de entender. Naquela noite, enquanto andava de um lado para outro, ele cativou os espectadores, cerca de uma dúzia, que estavam ali com ele, inclusive eu.

Escutei com atenção enquanto ele falava da energia divina de cura, de suas experiências com ela e da relação entre ciência e espírito. Ele perguntou: "Haverá uma realidade espiritual maior?" E respondeu que acreditava que aqueles que faleceram se preocupam tanto conosco quanto nós com eles. Além disso, sugeriu que sua missão na vida seria apresentar, com seu trabalho, provas científicas da existência do espírito.

Que dádiva ter a oportunidade de escutar um professor e palestrante dedicado ao estudo da vida após a morte! Quando saímos da sessão, Jim sugeriu que eu tentasse me encontrar com o Dr. Schwartz. Depois da aula, me apresentei e terminamos conversando por várias horas, durante as quais lhe falei sobre Max e minhas experiências. Ele me convidou a comparecer a outra sessão dali a dois dias, dedicada ao aumento da consciência da energia pessoal.

Depois da segunda aula, o Dr. Schwartz fez a gentileza de me conceder mais de seu tempo. Acompanhei-o até seu carro. Ele me deu um exemplar de seu livro mais recente, *The Sacred Promise* (A promessa sagrada), e perguntou se eu já pensara em contar minha história sobre Max de forma mais ampla, talvez escrevendo a esse respeito. Segundo ele, isso daria voz a outros para que falassem sobre suas experiências também. Respondi-lhe que não sabia. Eu ainda estava aprendendo, explorando e pesquisando – não sabia direito aonde minha jornada ia me levar. Em outras palavras, o que eu sabia era que não sabia o suficiente.

capítulo 17

Experiências de quase morte: evidências da vida após a morte

O que eu tinha entendido até então com o Dr. Wendland e o Dr. Radin era que o consenso científico quase universal definia consciência como um produto de um processo cerebral. É claro que isso tornava nula a proposição de que as marcas de mão e pé tivessem sido feitas por Max. Em outras palavras, o que acontecera não seria cientificamente possível. Mas eu não estava disposta a desistir.

Eu vivia ouvindo falar do neurocirurgião Dr. Eben Alexander e de seu livro *Uma prova do céu*; então comprei-o e o li. Descobri que ele teve uma experiência de quase morte que provocou uma mudança em sua noção tradicional de consciência. Antes, como a maioria dos membros da comunidade científica, ele acreditava que a consciência é um produto da função cerebral; agora, ele acredita que a consciência existe separadamente. O Dr. Alexander era um dos palestrantes da reunião da Forever Family Foundation a que compareci, e, além de ouvir sua palestra, falei com ele a sós. Eu estava interessada principalmente em sua visão da consciência como cientista, agora que abandonara o pensamento tradicional.

Em *Uma prova do céu*, o Dr. Alexander conta com detalhes "o mundo mais estranho e belo que já vi" quando estava em coma devido a uma doença rara. Durante essa experiência de quase morte, ele afirma que a parte de seu cérebro que controla o pensamento e a emoção não estava funcionando. Isso o convenceu de que o que vivenciou nesse estado alterado era o céu. Ele ficou sete dias assim, até se recuperar.

Depois de sua palestra, conversei com ele e expliquei minha situação, que eu começara uma pesquisa sobre a sobrevivência da consciência depois da morte por causa do que havia acontecido com Max. Perguntei-lhe como ele definia a consciência.

Ele me disse que, em sua opinião, a consciência existe em primeiríssimo lugar como "a coisa primordial de nosso Universo". Isso confirmava o que eu lera no livro: que ele invertera sua crença anterior de que o cérebro é o gerador da consciência e que, agora, ele acredita que a consciência independe do cérebro. Além disso, também acredita que os relatos de experiências de quase morte não costumam ser levados em conta como evidências por serem pessoais e isolados. Mas isso não os torna inválidos.

Conhecer o Dr. Alexander e conversar com ele me levou a examinar com mais profundidade as experiências de quase morte (ou EQM). Liguei para o Dr. Radin e lhe pedi que me encaminhasse à maior autoridade na área. Ele me indicou o Dr. Bruce Greyson, que fez a gentileza de me convidar para ir até seu escritório em Charlottesville, na Virgínia. Eu logo descobriria que há inúmeros relatos documentados de EQM, e sua notável coerência constitui a prova mais forte à nossa disposição de que a consciência existe fora do cérebro.

Embora minhas experiências não fossem de quase morte, eu esperava descobrir, com a pesquisa do Dr. Greyson, se a consciência sobrevive ao corpo depois da morte. Esperava que isso me permitisse saber se Max ainda existia de alguma forma e se estaria tentando se comunicar comigo.

Minha entrevista com o Dr. Greyson seria uma das mais emocionantes de minha jornada. Ele é professor emérito da cátedra Carlson de Psiquiatria e Ciência Neurocomportamental do campus de Charlottesville da Universidade da Virgínia. Também é ex-diretor da Divisão de Estudos da Percepção da Escola de Medicina da mesma universidade.

Seu currículo é impressionante: formou-se em Psicologia na Universidade Cornell e obteve o mestrado na Faculdade de Medicina da Universidade Estadual do Norte de Nova York. Ensinou Psiquiatria na Universidade de Michigan e na de Connecticut, onde foi diretor clínico de Psiquiatria. Acabou retornando à Universidade da Virgínia, onde fez sua residência em Psiquiatria.

Durante três décadas, o Dr. Greyson concentrou sua pesquisa nas experiências de quase morte. Ele é um dos autores de *Irreducible Mind* (Mente irredutível), obra imensa dedicada à psicologia moderna, e escreveu o verbete sobre EQM da Encyclopædia Britannica. Também é autor de mais de cem artigos em prestigiosas revistas acadêmicas de medicina e psicologia, como *The New England Journal of Medicine*, e falou em mais de 80 conferências científicas ao redor do mundo.

Há muito tempo ele é editor da revista *Journal of Near-Death Studies*. Também é um dos fundadores e vice-presidente do Cedar Creek Institute, cuja missão é explorar áreas do potencial humano negligenciadas pela ciência contemporânea. A pesquisa do instituto se concentra em experiências e comportamentos da parapsicologia.

Resumindo, ninguém melhor do que ele para falar sobre experiências de quase morte. Ele é a maior autoridade no assunto. Fiquei empolgadíssima de conhecê-lo e poder conversar com ele.

Naturalmente, pedi a Jim que fosse comigo, e decidimos transformar a visita numa viagem de carro, levando conosco Blue, o Supercão, e seu frisbee. Levei horas para fazer uma mala gigantesca (embora só tenha usado cerca de um terço do que havia lá dentro) e um isopor cheio de iogurte, amoras, cenouras e rabanetes. Enquanto isso, Jim pegou uma bolsa minúscula e a encheu num nanossegundo. Perguntei-lhe o que queria levar no isopor. "Nada", respondeu. "Planejo viver do que encontrar." Assim, enquanto ele engolia um cheesebúrguer duplo com fritas, eu estava sentada à sua frente com meus lindos saquinhos de legumes e frutas. Isso logo ficou chato. Por sorte, descobrimos o restaurante Cracker Barrel, e logo aprendi a amar truta, purê de batatas e vagem.

O único lado ruim de nossa viagem foi que tivemos de ficar em hotéis que aceitassem animais. Ver Blue passar cerca de meia hora farejando o carpete puído e fora de moda sempre que nos hospedávamos indicava que o quarto talvez não estivesse tão limpo quanto seria de desejar. Atravessamos o país de carro pela rodovia interestadual 80, de Idaho à Virgínia. Chegamos sãos e salvos a nosso destino. Bom, pelo menos salvos.

Charlottesville fica na base das Montanhas Blue Ridge e tem fama de ser um dos melhores lugares para se morar no país. Sua história é rica. Três presidentes americanos passaram a infância lá, onde Thomas Jefferson fundou a Universidade da Virgínia em 1819. Também fiquei contente ao saber que Charlottesville é um centro literário e tem mais leitores de jornais per capita do que todas as cidades dos Estados Unidos. O tipo de cidade que eu gosto!

O Cedar Creek Institute e a Divisão de Estudos da Percepção da universidade ocupam um prédio separado do campus principal. Suas salas também abrigam a Biblioteca Memorial Ian Stevenson, uma das poucas nove bibliotecas do mundo dedicadas à pesquisa parapsicológica. O uso é restrito a cientistas, estudantes e escritores autorizados.

No escritório bem decorado do Dr. Greyson, uma parede é tomada por imensos arquivos de metal que guardam os muitos casos de EQM que ele estudou. Ele foi agradável, gentil e amistoso. Aos 60 e poucos anos, aparentava ser mais jovem e estava em excelente forma física. Pareceu um pouco tímido até que começou a falar de seu trabalho. Sua paixão é notória. Perguntei-lhe o que o levara a esse campo de estudos.

– Não tenho uma boa resposta – disse ele. – Cresci numa família nada espiritual de cientistas. Quando entrei para a faculdade de Medicina, fui para a área da psiquiatria porque lá havia muito mais perguntas sem resposta, como a ideia de que as pessoas têm alucinações com os falecidos. Costumávamos achar que esse tipo de coisa só acontecia raramente. Mas então um médico de família da Inglaterra decidiu simplesmente perguntar aos pacientes se algum deles se comunicara com um ente querido que falecera havia pouco tempo. Espantosamente, 50 por cento disse ter visto, ouvido ou sentido o cheiro do falecido. No entanto, se for feito um estudo na população mais ampla, não teremos a mesma porcentagem, porque as pessoas costumam relutar em admitir qualquer coisa sobre o assunto.

Com certeza compreendo esse sentimento.

O Dr. Greyson descreve as EQM no livro *Irreducible Mind* e nos falou sobre elas.

– Não há uma definição universal de EQM com a qual todos estejam de acordo, mas em geral se entende que seja uma experiência incomum, normalmente vívida e realista, às vezes capaz de transformar profundamente a vida de alguém, que ocorre com pessoas que estiveram fisiologicamente próximas da morte, como numa parada cardíaca ou em outras situações de ameaça, ou psicologicamente, como em acidentes ou doenças em que há o medo de morrer.

Faz sentido.

Ele continuou explicando que os relatos de EQM são numerosos, mas não costumam ser divulgados. Só na Universidade da Virgínia, os pesquisadores estudaram 861 relatos. Os estudos da última década indicam que as EQM acontecem em cerca de 10% a 20% dos pacientes próximos da morte. Fiquei surpresa e impressionada com a frequência.

Ele citou um livro do qual eu nunca ouvira falar, mas que, evidentemente, é bem conhecido nessa área. Intitula-se *Vida depois da vida* e foi escrito em 1975 pelo médico e filósofo Dr. Raymond Moody. O Dr. Greyson nos disse que esse livro "tirou do armário" as EQM. Baseia-se em mais de 150 casos que o Dr. Moody recolheu quando trabalhava como residente sob o comando do Dr. Greyson. Nele, várias características comuns às EQM são citadas:

- Sensação de estar flutuando fora do corpo e ver a si mesmo de outro ponto de vista. O Dr. Greyson detectou essa característica em 48% das EQM.
- Consciência do que está acontecendo, como ver os médicos trabalhando em seu corpo.
- Passar por um túnel escuro e comprido e, às vezes, encontrar ali guias espirituais ou entes queridos que já morreram. O Dr. Greyson observou isso em 42% dos casos.
- Sair do túnel e ver um belo "Ser de Luz" que fala com a pessoa, mas de forma não verbal.
- Fazer uma revisão da vida ou se lembrar de momentos e receber lições ou avaliações de como a pessoa levou a vida. O Dr. Greyson encontrou isso em 24% das EQM.
- Ver algum outro lugar ou uma fronteira de grande beleza, aonde não se pode ir.
- Sentir alegria e amor intensos.
- Retornar ao corpo, em geral com relutância.

Descobrimos que outros pesquisadores de destaque confirmaram as características das EQM listadas pelo Dr. Moody. Nem todos os casos têm todas essas características, tampouco há uma característica sempre presente. Algumas EQM têm uma natureza completamente diferente. Quase universalmente, quem passa por uma EQM tem dificuldade de explicar com palavras o que aconteceu. Consigo entender por quê.

Mas, como explicou o Dr. Greyson, a extraordinária coerência dos relatos lhes dá credibilidade, e os pacientes que relatam uma EQM costumam citar coisas espantosas. Dão descrições detalhadas e específicas do que ocorreu na sala de cirurgia ou em seu ambiente enquanto estavam "mortos". Conseguem descrever procedimentos ou comportamentos incomuns que não teriam como saber normalmente. E com frequência citam o diálogo entre médicos e enfermeiros próximos.

Um dos relatos mais significativos foi documentado pelo Dr. Greyson num artigo intitulado "Seeing Dead People Not Known to Have Died: 'Peak in Darien' Experiences" (Ver mortos que não sabemos que morreram: experiências "pico em Darien"), publicado na revista *Anthropology and Humanism*. No artigo, o Dr. Greyson menciona pacientes cuja EQM incluiu ver, para sua surpresa, alguém que morrera recentemente, embora nem o paciente nem pessoas próximas a ele soubessem da morte na época!

Não só as EQM propriamente ditas são extraordinárias. Outras ocorrências antes da morte também são surpreendentes.

– Soubemos de pessoas com doença de Alzheimer avançada que recuperaram completamente a lucidez dias ou horas antes de morrer – disse o Dr. Greyson. – Como isso pode acontecer? O cérebro se deteriorara fisicamente. Mas acontece, e não há nenhuma explicação fisiológica.

– Então, como saber se a EQM não é apenas um sonho?

– Uma das coisas mais espantosas das EQM é o modo como transformam totalmente a vida das pessoas. Quase sempre, quem teve uma EQM diz que não tem mais medo de morrer. Sua vida é profundamente afetada de outras maneiras, provocando até mudanças importantes como divórcio ou troca de carreira. Como psiquiatra, lido com alucinações o tempo todo. Elas não transformam totalmente a vida de ninguém. Nem os sonhos fazem isso. Mas em geral as EQM mudam, e por isso são diferentes.

– Haveria alguma explicação médica para elas? – perguntei.

– Atualmente, não, mas isso não significa que nunca a encontraremos – respondeu o Dr. Greyson.

Ele admite que, basicamente, as EQM entram em conflito com o pensamento convencional de que o cérebro cria a consciência. Em vez disso, elas sustentam o ponto de vista alternativo de que o cérebro atua como um filtro da consciência.

Segundo o Dr. Greyson, apesar da opinião médica e científica atual de que o cérebro é a fonte da consciência, a ideia alternativa de que o cérebro é um filtro existe há séculos.

– Por exemplo, há evidências consideráveis de que mentes conseguem se comunicar entre si; é a chamada telepatia. Mas não há explicação fisiológica para isso. Não sabemos como isso acontece. Mesmo que aceitemos a ideia de que o cérebro produz pensamentos, o que não aceito, não sabemos explicar como isso acontece. Não fazemos a mínima ideia. Os materialistas dizem: "Bom, algum dia entenderemos". Mas isso não é uma teoria científica, porque não é refutável.

O melhor recurso de pesquisa nesse campo são os próprios pacientes. Mas isso apresenta alguns obstáculos para os cientistas. Em primeiro lugar, pesquisar significa que "temos que esperar algo acontecer", como explicou o Dr. Greyson.

– Não pode ser algo orquestrado. No entanto, há numerosos casos documentados, desde a época da Grécia antiga. E, é claro, como vimos com o Dr. Eben Alexander, elas ainda ocorrem hoje em dia.

De acordo com o Dr. Greyson, a pesquisa sobre EQM terá que superar outro obstáculo: a relutância em falar delas.

– Certa vez realizei um estudo com pessoas que tinham tentado o suicídio – contou. – Entrevistei-as pacificamente assim que se recuperaram. Algumas descreveram que tinham saído do corpo, mas a maioria me disse que nada de estranho acontecera. Acompanhei-as todos os meses, durante mais de cinco anos, e a cada ano mais algumas finalmente admitiam ter passado por uma EQM, dizendo que tiveram medo de contar antes. Um dos participantes me contou recentemente, vinte anos depois, que havia coisas que ele ainda não discutiria comigo simplesmente porque eram pessoais demais.

Mas o Dr. Greyson diz que a consciência pública sobre as EQM está mudando essa situação.

– Por pior que ainda seja, a situação está muito melhor do que na década de 1980. Pelo menos hoje, quando me apresento em conferências, os participantes se dispõem a discuti-las em público – disse ele. – Ainda mais estimulante é que os alunos de Medicina estão se empolgando com o assunto. Agora mesmo, tenho dois alunos lá em cima pesquisando sobre isso em nossa biblioteca.

Quis saber o que o Dr. Greyson pensava sobre o que vivenciei depois da morte de Max. Será que ele achava que Max poderia estar me mandando mensagens por meio das marcas de mão e dos outros fenômenos?

– Quando olho as fotos, fica claro para mim que algo extraordinário está acontecendo – falou. – Mas as marcas de mão, dado o seu tamanho, não parecem ter a assinatura de Max, a não ser pelo aniversário da morte. Será que tem como você lhe pedir mais orientações, se for mesmo ele? Talvez a jornada dele ainda não tenha terminado.

Ao final da conversa, o Dr. Greyson ainda disse:

– Essas coisas que acontecem em sua casa podem vir de Max ou de você. Talvez nos aniversários da morte você se encha de espírito e, de certo modo, produza esses efeitos. Num nível mais profundo, talvez não haja diferença entre você e Max; todos fazemos parte da mesma coisa. Talvez essas barreiras que construímos entre as pessoas sejam apenas temporárias, enquanto estamos aqui, e depois que deixamos o corpo não seja mais assim.

Fui profundamente tocada por essa ideia. Aqui estamos nós, dia após dia, levando a vida como seres humanos separados pelas fronteiras de nossos corpos. Naturalmente, isso nos faz pensar que nossa mente e nosso coração também são separados. E se não forem? E se, como sugere o Dr. Greyson, eles fizerem parte da mesma consciência e, portanto, forem inseparáveis? O amor seria o fator de unificação que nos liga uns aos outros?

Em toda a minha jornada, nenhum outro encontro me comoveu tanto quanto esse. Foi a única vez em que chorei. O Dr. Greyson ressoou em algo profundo dentro de mim. Como médico e professor, ele baseou esses fenômenos espantosos não na ciência, mas na experiência mais poderosa que temos na vida: a conexão de uns com os outros.

capítulo 18

O QUE É PIOR DO QUE PERDER SEU CÔNJUGE?

TIVE MUITO EM QUE PENSAR DEPOIS DA ENTREVISTA COM O DR. Greyson. Além de aprender que as EQM parecem apresentar evidências da vida após a morte, também reforcei minha crença de que o amor se estende para além das fronteiras entre esta vida e a próxima. Quando se trata do coração, não há diferença entre aqueles que amamos aqui e aqueles que se foram. Também achei curiosa a ideia de que a conexão que sentimos quando amamos é alimentada por algo maior, algo muito mais poderoso do que qualquer um de nós. Como disse o Dr. Greyson, "todos fazemos parte da mesma coisa". Fui um passo além em meu pensamento. Para mim, essa "coisa" de que todos fazemos parte é o amor.

Comecei a pensar em todas as pessoas que amo. Jim e Tanner vieram à mente em primeiríssimo lugar, com a imagem de Maddie Hallerman, namorada de Tanner havia muito tempo, a seu lado. Visualizei Michael e Ryan, os filhos de Jim, e Adriana, esposa de Ryan. E também Kurt, Marky, Brian, Signe e seu marido, Dan, ao lado de meus sobrinhos e sobrinhas. Imaginei Bob, o pai de Tanner, que amei como pai de meu filho, e imediatamente me lembrei daqueles que Bob e Tanner amavam na família dele. Pensei em minhas amigas queridas, algumas novas, outras antigas, todas as que ficaram do meu lado nos bons e maus momentos. Fechei os olhos e visualizei também as pessoas que elas amavam.

Não pude deixar de imaginar que, algum dia, cada uma dessas pessoas teria que lidar com a morte de entes queridos. Será que, dependendo da ligação com o falecido, a perda as transformaria mais do que qualquer outra coisa na vida? Elas se perguntariam o que acontece quando morremos? Imaginei se passariam por algum fenômeno do tipo que vivenciei. Será que começariam a acreditar, como eu, que há mais coisas além deste mundo? Isso as ajudaria a lidar com a perda? E, dependendo de quem perdessem, o luto variaria de intensidade assim como o amor? Todo luto é igual?

Por mais triste que isso seja, esperamos enterrar nossos pais. Mas, quando a ordem natural é perturbada e um pai ou uma mãe perde um filho, essa é a suprema tragédia. Não há amor como esse. Ele é supremo. Por mais devastador que seja perder um cônjuge, perder um filho é pior. Não deve haver golpe mais esmagador.

Ron e Lynn Dickerson sabem bem disso. Perderam o filho Ryan com 18 anos em 2007, quando ele foi encontrado afogado no acampamento de verão em que trabalhava. As autoridades suspeitam que algum problema cardíaco não diagnosticado o tenha feito desmaiar.

Lynn é minha amiga. Era editora do *Modesto Bee*, na Califórnia, antes de se tornar executiva na sede da McClatchy Company. Hoje está de volta a Modesto, como presidente do Centro de Artes Gallo. É uma empresária inteligente e talentosa, uma líder repleta de realizações que inspira lealdade e respeito nos funcionários e colegas.

Ela foi cristã devota a vida inteira, mas a morte do filho a fez questionar sua fé e corroeu sua vontade de viver. Ryan era o caçula de seus dois filhos; Ross tinha 22 anos quando Ryan morreu. Ryan era encantador, engraçado e carinhoso, amado por todos.

– Sete semanas depois de Ryan morrer, eu mal conseguia me levantar da cama, escovar os dentes, tomar um banho – contou-me Lynn. – Só no terceiro ano da perda foi que voltei a ver cor na vida. Assim que aconteceu, dizer que dali a dois ou três anos eu estaria bem era como me dizer que o trabalho de parto duraria anos. Sobreviver parecia impossível. Perdê-lo foi quase insuportável. Já se passaram quase seis anos, mas ainda levamos conosco essa nuvem de tristeza.

Ela seguiu em frente porque o marido e o filho mais velho precisavam dela. Aos poucos, a vida se tornou mais tolerável.

– É como amputar uma perna. Dá para voltar a andar com uma prótese, mas sempre seremos amputados – disse ela.

Ela poderia escrever o próprio livro sobre a experiência de sentir uma conexão e receber mensagens de Ryan. A cabeleireira de uma amiga, que tinha capacidade mediúnica, disse que conseguia ver Ryan e o descreveu para essa amiga da família. Ela citou até seu hábito mais característico: esfregar o abdome bem malhado e se admirar no espelho, mania que lhe valeu constantes brincadeiras dos amigos e da família.

Ron procurou imediatamente a cabeleireira. Ela descreveu a antiga casa da família em Modesto e a casa nova em Sacramento. Sabia que as crianças iam para a varanda do terceiro andar para pular na piscina. Ela disse que Ryan estava preocupado com eles e com dois amigos, cujo nome citou.

A experiência de Lynn com a mesma médium foi menos satisfatória. Ela lhe disse que Lynn não se permitia chorar. Embora Lynn achasse que a leitura estava errada, a médium lhe disse que Ryan planejava deixar moedas para que soubessem que ele estava por perto. "Moedas podem aparecer em qualquer lugar", disse ela. No entanto, começou a encontrá-las nos lugares mais estranhos ligados a Ryan. Encontrou uma a seus pés quando caminhava por uma trilha nas Sierras com um grupo de apoio ao luto, outra no chão quando ia a um jantar com Hillary Clinton, Barack Obama e John McCain para uma entrevista coletiva. Ryan era viciado em política, e Lynn encontrou uma moedinha assim que pensou que adoraria contar o jantar a Ryan.

Também houve luzes piscando, como no meu caso. Todo ano, a família e os amigos dão uma festa de Natal chamada "Reunião para Recordar Ryan", que ajuda a aliviar o maior medo de Lynn: que o filho seja esquecido. No inverno de 2009, Lynn reuniu todas as fotos de Ryan e entrou na sala de jantar para colocá-las na mesa. No corredor, todas as 15 lâmpadas embutidas começaram a piscar como loucas. Ela berrou, chamando Ron. Ele entrou correndo na sala de jantar e começou a chorar, sentindo que era Ryan. Ela chamou Ross, o filho mais velho, muito cético diante de qualquer fenômeno paranormal. Os três ficaram ali parados, espantados, até todas as lâmpadas finalmente se apagarem.

Um dos acontecimentos mais intensos por que passaram foi a visita de um jovem vizinho e amigo de Ryan que desaprovava as conversas de Lynn e Ron com médiuns, achando que isso tudo não passava de bobagem. Mas certo dia ele bateu à porta de Lynn para lhe contar que Ryan o visitara durante a noite. O amigo foi acordado com sacudidelas na cama, e lá estava Ryan, vestindo uma camiseta de beisebol. Estava feliz, num lugar ótimo, disse ao amigo.

Durante a conversa com o amigo de Ryan, Lynn se referiu ao "sonho", e ele a corrigiu enfaticamente. Não tinha sido um sonho; fora real, segundo ele. Sua opinião mudara completamente. O amigo não entendia por que Ryan o visitara. A resposta de Lynn foi: "Talvez ele soubesse que você estava precisando dele."

Enquanto Lynn lia todos os livros que encontrava sobre luto, o marido lia todos os que encontrava sobre médiuns e experiências após a morte. Para dar de presente de Natal a Ron, Lynn comprou uma consulta telefônica com George Anderson, autor de

Walking in the Garden of Souls (Andando no jardim das almas). Eles pediram a um vizinho que marcasse a sessão e usaram o cartão de crédito dele, para que o médium não pudesse pesquisar os Dickersons com antecedência. Durante a sessão, Lynn escutou na extensão.

Anderson disse que via dois meninos, o filho (Ryan) e o irmão de 18 anos que Ron perdera havia 38 anos. Disse que os rapazes pareciam ser amigos e estavam com os dedos mindinhos cruzados, e que Ryan também estava com a irmã falecida de Lynn. (A mãe de Lynn dera à luz uma menina morta quando Lynn estava no sexto ano da escola.)

Anderson disse que Ryan estava muito feliz por ser bem lembrado e que gostara principalmente da "plantação". (Em nome de Ryan, Lynn e Ron dedicaram uma escultura de aço de um carvalho à biblioteca pública.) Anderson sabia que os Dickersons se mudariam em breve. Disse que seu outro filho tivera dificuldades na infância (verdade) e perguntou se alguém chamado Sarah era importante. (A cadela Sarah crescera com Ryan e morrera com 14 anos, poucos meses antes dele.)

Nada em nenhum desses eventos os assustou, disse Lynn. Ao contrário, foram reconfortantes e ajudaram a aliviar o pesar. "Senti que era uma dádiva", disse Lynn. "Senti que me segurava à vida por um fio, e com isso consegui me segurar melhor."

Lynn já procurou muitos pais que perderam algum filho e sempre lhes perguntou se receberam mensagens dos falecidos. Apenas uma mulher, ateia declarada, disse que não.

Bob e Phran Ginsberg também tiveram de lidar com a tragédia de perder um filho. Conheci-os na reunião anual da Forever Family Foundation em que conheci Loyd Auerbach e Dr. Eben Alexander. Eles são os fundadores da entidade. A sua perda pessoal e a jornada que veio em seguida é que os levaram a fundá-la.

Bob disse que, antes de perder o filho, não acreditava em fenômenos psíquicos nem na sobrevivência após a morte, simplesmente porque seu hemisfério esquerdo do cérebro não conseguia aceitar que essas coisas fossem reais.

– Meu currículo não é científico. Sou formado em Inglês pela Universidade Estadual de Nova York, comecei uma pós-graduação e entrei no ramo de seguros.

Phran, por outro lado, teve experiências psíquicas a vida inteira. Ainda na infância, ela sabia coisas que não conseguia explicar e tinha premonições. Felizmente, foram sempre positivas. Mas, em 1º de setembro de 2002, Phran acordou Bob entre três e quatro da madrugada com sua primeira premonição negativa.

– Ela estava muito pálida e tremendo – disse Bob. – Perguntei: "O que houve?" Ela respondeu: "Não sei, mas algo horrível vai acontecer hoje." E perguntei de novo: "O quê?" E ela: "Não consigo identificar, mas sei que é horrível." Em geral, não ligo para coisas assim – continuou ele.

Mas Bob sabia que a intuição de Phran tinha sido certeira no passado e levou a sério sua preocupação. O primeiro pensamento dos dois foi em relação aos filhos.

– Ficamos de olho nos nossos filhos o dia inteiro – disse Bob. – A do meio [Kori] acabara de entrar na universidade, a Carnegie Mellon. Estávamos com o carro preparado para levar meu filho [Jonathan] de volta à Universidade de Delaware no dia seguinte, e Bailey, a caçula, trabalhava em seu último dia no emprego de verão antes de recomeçar as aulas do ensino médio. Monitoramos os três o tempo inteiro, mas baixamos a guarda no fim do dia.

Eles voltavam de um restaurante em dois carros, com Jonathan dirigindo o primeiro e levando Bailey no banco do carona.

– Meu filho e minha filha sofreram um acidente horrível. Chegamos ao local minutos depois – disse Bob. – Ele ficou gravemente ferido e ela não sobreviveu. Imagine só o choque. Por algum tempo, eu não sabia se perderia os dois filhos. Finalmente, meu filho se recuperou, e foi mais ou menos na mesma época que o fato me atingiu como uma tonelada de tijolos. "Espere aí, como é que Phran sabia?" Eu tinha certeza de que ela não mentiria para mim, e sabia que suas experiências ditas paranormais eram verdadeiras, mas eu precisava de alguma comfirmação, de um ponto de vista científico, de que coisas assim eram possíveis.

Bob fez uma pausa e prosseguiu:

– No começo, minha busca não foi uma tentativa altruísta de ajudar os outros. Era uma questão de sobrevivência, porque, com toda a franqueza, eu estava um lixo. Não via nenhum jeito de sobreviver à perda. Sabe, foi absolutamente devastador. Literalmente li centenas e centenas de livros sobre vida após a morte, a teoria de que alguma parte nossa continua depois que morremos, e continuo lendo até hoje.

Phran acredita que Bailey tentou se comunicar de várias maneiras com os Ginsbergs do outro lado, mas a ocasião mais dramática aconteceu na primeira manhã de Natal depois do acidente em setembro. Jonathan estava se recuperando e fora para a casa da namorada. Kori estava em casa; saíra da faculdade para passar o feriado. Bob, Phran e Kori não conseguiam comemorar o Natal do jeito que costumavam, com os amigos, então foram dormir cedo. O sono costumava ser uma fuga da tristeza.

– Kori entrou correndo em nosso quarto, chorando histericamente – disse Phran.

Kori disse que Bailey lhe aparecera e pedira que dissesse a seus amigos que não ficassem com medo se ela os visitasse. Bob e Phran convidaram Kori para se deitar na cama com eles, mas, com 18 anos, ela preferiu dormir no chão, ao pé da cama.

Depois que apagou a luz, Phran sentiu um de seus gatos pular na cama. Sentou-se e viu que Kori é que subira na cama; ela avisou Bob para que não a chutasse, e todos dormiram. Pela manhã,

Phran encontrou Kori deitada no chão e lhe perguntou por que descera outra vez. A filha lhe disse que não tinha subido. Bailey e Kori tinham apenas dois anos de diferença, e Phran tem certeza de que foi Bailey quem dormiu com eles naquela madrugada de Natal.

– Foi o jeito dela de dizer "Estou bem" – comentou Phran.

Phran também disse que Bob teve sonhos em que ele e Bailey conversavam, mas não era o mesmo tipo de experiência que ela e Kori tiveram.

– Kori e eu nos consolamos com essas mensagens, mas Bob afundava cada vez mais na tristeza – disse Phran. – Ele estava numa missão científica para entender tudo aquilo.

Bob não conseguia entender por que alguém receberia um sinal de aviso se não havia informações suficientes para evitar a tragédia. Ele consultava um terapeuta especializado em luto, assim como a família. Estavam tentando comparecer a um grupo de apoio, mas sempre faltavam a reunião por um ou dois dias seguidos.

Certa tarde, Phran estava a caminho de buscar Jonathan na fisioterapia quando sua mente se concentrou intensamente numa questão estranha. Anos antes, uma menina chamada Deanna Moon morrera num acidente na escola que os filhos de Phran tinham frequentado, e de repente ela sentiu uma vontade intensa de saber quantos anos Deanna teria se tivesse sobrevivido. Ela não fazia ideia de por que queria saber. Jonathan não soube lhe dizer. Quando chegaram em casa, Bob os colocou no carro para irem à reunião do grupo de apoio dali a uma hora. Acontece que um dos participantes era a mãe de Deanna Moon, e os Ginsbergs ficaram sabendo que a menina, que morrera com 9 anos, estaria comemorando o 21º aniversário naquele dia. Esse acontecimento ajudou a convencer Bob de que a comunicação do outro lado tinha um propósito que ia além de avisos e advertências.

À medida que iam encontrando outras pessoas com experiências semelhantes, os Ginsbergs logo encontraram grande relutância de falar abertamente sobre o assunto. O moderador de um dos grupos os mandava se calar caso mencionassem a vida após a morte.

– Na opinião dele, esse não era o propósito do grupo – disse Bob. – O propósito do grupo era ensinar métodos que pudessem ser usados para lidarmos com o luto. Achamos isso esquisito, porque a crença na vida após a morte talvez seja o tipo mais eficaz de terapia do luto. Não demorou para descobrirmos que outros pais queriam discutir a possibilidade de que seus filhos ainda estivessem vivos, e ficávamos conversando no estacionamento, às vezes morrendo de frio, durante horas. Finalmente concluímos que precisávamos formar algum tipo de entidade onde pudéssemos discutir essas questões abertamente, sem medo de sermos rotulados.

Eles encontraram um livro chamado *The Afterlife Experiments* (Os experimentos da vida após a morte), do Dr. Gary Schwartz, o professor que encontrei no Canyon Ranch. Isso os levou a fazer amizade com ele e a criar, em 2004, a Forever Family Foundation. A meta era combinar ciência e espiritualidade, oferecer apoio a pesquisas sobre as evidências da sobrevivência após a morte, educar o público e ajudar aqueles que perderam algum ente querido. *Como é gratificante saber que existe algo assim para os pais enlutados,* pensei, *um verdadeiro grupo de apoio para orientar nessa tarefa quase impossível de superar o luto pela morte de um filho!*

– Não pregamos a ninguém e não tentamos convencer ninguém – disse Bob. – Simplesmente queremos que evidências sejam levadas a público. Quando se trata da crença na vida após a morte, todos sempre seguem o próprio ritmo. Alguns nunca se abrirão para essa ideia. Vejo o efeito do luto, e muitas vezes há uma progressão em que as pessoas passam da esperança à crença e, afinal, ao conhecimento. Quando chegam a esse estágio do conhecimento, a diferença que isso faz em sua vida pode ser significativa.

– O que nos levou a criar essa entidade é que todos acham que somos malucos, mas não somos – acrescentou Phran. – Se pusermos o mundo inteiro numa sala, seremos maioria.

Bob reforçou a importância da pesquisa de cientistas como o Dr. Dean Radin e o Dr. Bruce Greyson sobre a sobrevivência da consciência à morte. E, segundo ele, alguns perguntam por que a pesquisa sobre telepatia ou precognição é relevante para entendermos a vida após a morte.

– Depois que se descobre que a mente consegue agir de forma independente do cérebro, como acontece em experiências como a visão remota e a telepatia, fica fácil concluir que a consciência pode sobreviver à morte física, que consegue sobreviver sem cérebro. É preciso fazer um esforço conjunto com bastante gente – disse Bob.

É interessante que a entidade estimule o uso de médiuns, principalmente para que as pessoas saibam se aqueles a quem amavam e que partiram estão a salvo e felizes. Eis uma coisa sobre a qual eu queria saber mais, já que, nesse ponto de minha jornada, ainda não tivera experiência com médiuns. Eu era cética, no mínimo. Mas fiquei impressionada ao saber que a Forever Family Foundation tinha desenvolvido um parâmetro que, segundo os Ginsbergs, é o único que certifica um médium como confiável fora dos programas de pesquisa científica.

Eu quis saber que conselho Lynn e os Ginsbergs dariam a pais – ou a qualquer pessoa – de luto.

Lynn disse que pede o tempo todo que as pessoas admitam que a perda de um filho é diferente de todas as outras.

– Perdemos pais ou amigos. Mas essas perdas são como uma viagem à Disneylândia quando comparadas à perda de um filho – disse ela. – Não dá sequer para imaginar a profundidade da dor sofrida, mas é preciso senti-la. Não há como evitar. E dói como o diabo durante muitíssimo tempo.

Segundo Lynn, a coisa mais importante que os amigos e a família podem fazer é deixar que a pessoa fale a respeito.

– Queremos ouvir o nome de nosso filho ser pronunciado. Não tente nos apressar nem mudar de assunto por ser desconfortável. Deixe que contemos nossa história – disse ela.

Lynn explicou que ficava furiosa quando lhe diziam que não conseguiriam sobreviver a uma perda daquelas:

– Como se pensassem que eu conseguiria. E que outra opção eu tinha?

Pais de luto precisam de amigos que fiquem a seu lado na tristeza.

– Todos somem, porque não sabem o que dizer ou temem dizer a coisa errada. Para mim, era doloroso quando fingiam que nada tinha acontecido. – Ela também diz aos outros pais: – Saibam que a dor não será tão intensa assim para sempre. Chegamos a um ponto em que conseguimos voltar a sorrir.

Bob disse:

– Eu costumava pensar: "Se eu conseguir passar pelo primeiro ano, tudo bem." Mas aí o primeiro ano se passou, e eu não estava nada bem. Meu conselho seria aprender, compartilhar e se manter aberto não só às próprias experiências, mas também à experiência dos outros. Quando as pessoas se abrem para as possibilidades, às vezes o mundo pode mudar com aquilo que se aprende. Isso não significa que não se vá cair em desespero. Eu detestava quando me diziam que "o tempo cura todas as feridas". Ficava furioso. Mas é verdade que, com o passar do tempo, fica diferente. Não que a tristeza desapareça. Sempre haverá uma ferida aberta no coração. Mas fica diferente. E, em muitos casos, essa diferença é o resultado de se manter aberto, de dividir. Esse é o segredo.

capítulo 19

Médiuns: ficção ou realidade?

Depois de ser apresentada por Bob e Phran a esse conceito, fiquei curiosa. Afinal de contas, o que é um médium? Quando visitamos o Dr. Greyson na Universidade da Virgínia, ele nos levou para dar uma volta pela Biblioteca Memorial Ian Stevenson e me deu alguns artigos que foram úteis.

De acordo com a Dra. Emily Kelly, do Departamento de Estudos da Percepção da Universidade da Virgínia, num artigo de 2011, um médium é alguém que "afirma receber informações sobre pessoas falecidas apesar de não conhecê-las de alguma forma". É diferente dos videntes, que "dão a seus clientes ou consulentes informações primárias sobre os próprios consulentes ou outras pessoas vivas", escreve a Dra. Kelly. Em outras palavras, parece-me que o médium conversa enquanto o vidente observa.

O Dr. Gary Schwartz e sua equipe da Universidade do Arizona realizaram alguns dos primeiros experimentos dos Estados Unidos usando médiuns. Como eu queria ter uma conversa mais detalhada com ele, decidi viajar novamente. Dessa vez, fui sozinha. Peguei um avião para Tucson e me encontrei com o Dr. Schwartz em sua sala. Não foi tão divertido sem Jim e Blue, mas pelo menos ninguém se queixou do peso de minha mala nem fez comentários sobre minha comida de passarinho.

Além da função que exerce no Canyon Ranch, o Dr. Schwartz é professor de Psicologia, Medicina, Neurologia, Psiquiatria e Cirurgia no campus de Tucson da Universidade do Arizona. Ele obteve o doutorado em Psicologia na Universidade de Harvard e, durante cinco anos, trabalhou lá como professor-adjunto. Mais tarde, foi professor de Psicologia e Psiquiatria, diretor do Centro de Psicofisiologia e codiretor do Serviço de Medicina Comportamental na Universidade de Yale. Entre outros livros, escreveu *The Truth About Medium* (A verdade sobre os médiuns, que inclui contribuições da própria Allison DuBois, que inspirou o programa da TV americana *Medium*), e *The G.O.D. Experiments* (Os experimentos G.O.D.). Recentemente, foi nomeado presidente da Eternea, entidade fundada pelo Dr. Eben Alexander, autor de *Uma prova do céu*.

Nas experiências realizadas na Universidade do Arizona, o Dr. Schwartz tomou muito cuidado ao escolher médiuns com histórico de acertos e pôr em prática métodos de controle para evitar possíveis logros e fraudes. A equipe verificou que, como grupo, os médiuns acertaram 83% das vezes ao apresentar informações sobre parentes falecidos. Um deles obteve 93% de precisão.

É claro que isso não significa que todos os que afirmam ser médiuns tenham essa capacidade nem que as sessões de todos os médiuns sejam conversas com espíritos. Segundo o Dr. Greyson:

– Quando falamos com alguém que tenha consultado um médium e passado por uma experiência positiva, isso não é necessariamente devido a fatos que o satisfizessem. Em geral, é porque dizem que conseguiram sentir a personalidade do ente falecido.

Mas as evidências não podem ser facilmente descartadas.

– Aqui na Universidade da Virgínia, fizemos alguns estudos controlados como os de Gary Schwartz. Os consulentes e os médiuns nunca estavam no mesmo lugar, e obtivemos resultados semelhantes aos de Gary com seis médiuns. Na verdade, um deles quase sempre acertava.

Esse mesmo médium foi o que mais acertos teve entre os testados pelo Dr. Schwartz em sua pesquisa.

O Dr. Schwartz me disse que as experiências científicas - dele e de outros - indicam que a consciência continua viva depois de morrermos e assume uma forma que tem intenção e vontade. Portanto, ele, o Dr. Wendland, o Dr. Radin e o Dr. Greyson acreditam que a consciência é mais do que um produto do cérebro; ela vive fora de nós e continua a existir depois de morrermos. Descobri que ele acredita que o "espírito", palavra que usa para denominar a consciência após a morte, colabora conosco na vida cotidiana e se afirma de modo criativo e convincente quando prestamos atenção.

A importância do Dr. Schwartz nesse campo fez com que fosse convidado para escrever um capítulo de destaque do *The Oxford Handbook of Psychology and Spirituality* (Manual Oxford de psicologia e espiritualidade). O capítulo se intitula "Consciousness, Spirituality and Post-Materialist Science: An Empirical and Experiential Approach" (Consciência, espiritualidade e ciência pós-materialista: uma abordagem empírica e experimental).

O Dr. Schwartz me deu uma cópia desse artigo. Ele afirma, de maneira bem convincente, que o atual pressuposto científico de que a consciência termina quando o corpo morre está simplesmente errado. Ao ler o texto, me lembrei de sua grande habilidade com analogias, que o vi demonstrar na aula do Canyon Ranch.

O Dr. Schwartz defende que o cérebro é como um aparelho de TV. Os televisores não são a fonte das informações visuais, mas as recebem e as exibem. Do mesmo modo, diz ele, o cérebro é um receptor, não um criador, argumento semelhante ao de outras pessoas com quem falei em minha jornada. E é claro que isso implica que a morte do cérebro não elimina a fonte de informações. Uso essa analogia várias vezes em minha cabeça para assimilar a informação em nível básico e entendê-la.

Outra das minhas analogias favoritas que aprendi com o Dr. Schwartz envolve um ventilador. Imagine-se diante de um ventilador que ainda não está ligado. As pás estão claramente visíveis, mas bloqueiam a visão do que está atrás delas. Mas, quando se liga o ventilador, transmitindo-lhe energia, não se consegue mais ver as pás, mas é possível ver tudo o que está atrás delas.

– Será possível que essa seja uma metáfora do mundo dos espíritos? – perguntou o Dr. Schwartz. – Não conseguimos ver os espíritos [pás] porque eles operam num nível de energia mais elevado. Mas é claro que estão ali.

Eu estava pensando nisso quando eu e Jim voltávamos de uma de nossas viagens anuais de aniversário de casamento a seu rancho no rio Salmon. Eu começara recentemente a fotografar, e comprara uma nova câmera digital. Na viagem de volta, no minúsculo avião Cessna, tirei fotos da vista estonteante da Área Selvagem Frank Church-River of No Return lá embaixo.

Quando cheguei em casa, fui olhar algumas fotos que mostravam a visão da frente do avião. Aos meus olhos, quando tirei as fotos, nada as obstruía. Mas, com a ajuda da captura rápida de luz da câmera, várias fotos registraram a imagem da hélice do avião. Devido à velocidade da hélice, eu não conseguia vê-la. Mas a câmera confirmou que ela estava lá o tempo todo. Isso cristalizou o conceito de que, só porque não vemos com os próprios olhos, isso não quer dizer que não haja algo ali.

Como aprendi no Canyon Ranch, o Dr. Schwartz dedicou sua carreira a determinar se existem espíritos vindos do além – ou de algum outro lugar. Ele escreveu sobre uma experiência num artigo intitulado "Possible Application of Silicon Photomultiplier Technology to Detect the Presence of Spirit and Intention: Three Proof-of-Concept Experiments" (Possível aplicação da tecnologia de fotomultiplicadores de silício para detectar a presença de espíritos e intenções: três experimentos para prova de conceito), na edição de maio-junho de 2010 da revista *Explore*. O artigo, obviamente, era de leitura difícil para quem não tem treinamento científico. Tive de passar muito tempo estudando-o, mas estava decidida a compreender o que fosse possível. Finalmente, ele fez sentido.

Na experiência, o Dr. Schwartz usou um aparelho bem pequeno de alta sensibilidade que detecta fótons, que são partículas de luz. O aparelho foi posto numa caixa preta de plástico meticulosamente controlada, projetada para eliminar toda a luz externa. Então o experimentador convidou o "espírito" a entrar na caixa. Em cada um dos três experimentos, o resultado mostrou um aumento mensurável dos fótons na caixa depois que o "espírito" foi convidado.

Alguns cientistas, inclusive o Dr. Schwartz, questionaram se o próprio experimentador estaria provocando o resultado, porque, como aprendi, a física quântica indica que o observador afeta – e, provavelmente, determina – as medições. Assim, o Dr. Schwartz realizou mais duas experiências. Elas foram descritas em outro artigo intitulado "Photonic Measurement of Apparent Presence of Spirit Using a Computer Automated System" (Medição fotônica da presença aparente de espírito com um sistema automático computadorizado), na edição de março-abril de 2011 da revista *Explore*. Essas experiências também usaram uma câmera detectora de fótons muito sensível, com pouca luz, numa sala às escuras. Mas dessa vez um computador, com informações visuais e auditivas, deu todas as instruções ao espírito, sem a presença nem a consciência dos experimentadores. O resultado indicou que, mesmo sem a presença do experimentador, havia aumento dos padrões de luz depois que o espírito era convidado a entrar.

No texto da Dra. Emily Kelly que eu lera antes, ela alertava sobre o risco de usarmos um médium. É importante avaliar se as informações oferecidas por ele podem vir de outra fonte.

"Uma explicação normal e comum da mediunidade é de que, deliberadamente ou não, o médium 'pesca' informações ('leitura fria'), fazendo primeiro declarações vagas ou gerais e depois extraindo, das reações ou da aparência do consulente, respostas ou pistas para refinar melhor e restringir aquelas declarações vagas", escreveu a Dra. Kelly. "Mesmo quando não permite que o consulente diga nada, a não ser "sim" ou "não", em resposta a uma declaração, o médium ainda pode obter muitas informações e orientações."

Discuti rapidamente o assunto dos médiuns com o Dr. Radin quando Jim e eu o visitamos em Petaluma. Sua opinião é de que indícios cientificamente legítimos mostram que médiuns talentosos conseguem obter informações passíveis de confirmação por meios não convencionais. Mas ele acrescentou que não são claras as evidências de que essas informações venham de uma pessoa falecida.

– A interpretação de experiências sobre mediunidade não está resolvida, e não há solução fácil à vista – disse o Dr. Radin. – Em geral, todos deveriam encarar com ceticismo o que os médiuns dizem, mas não a ponto de não dar mais ouvidos ao que é dito; isto é, devemos ser céticos e abertos ao mesmo tempo. Nem sempre é fácil conseguir isso quando há emoções fortes envolvidas na sessão, e é sempre bom estar acompanhado por alguém que não tenha a mesma razão emocional para acreditar no que o médium está dizendo.

Cheguei à conclusão de que estava na hora de fazer minha primeira experiência pessoalmente.

Marquei uma sessão com Dave Campbell, médium autorizado pela Forever Family Foundation. Com sua aprovação, gravei a sessão. Lembrei-me do que o Dr. Radin dissera e perguntei a Dave se Jim poderia ir junto. Ele disse que tudo bem.

Dave é um homem muito amistoso, de 30 e muitos ou 40 e poucos anos. Ele era educado e profissional, e me senti completamente à vontade perto dele. Era muito "normal", nada intimidador. Ele sugeriu que nos sentássemos em cadeiras, um na frente do outro. Para não interferir, Jim ficou a certa distância, numa escrivaninha.

Dave começou:

– A sessão funciona desta maneira: o espírito fala comigo. Ouço palavras. Sinto as emoções. Só descrevo o que eles me mostram. Não tem significado nenhum para mim. Só passo adiante o que eles dizem.

Nos cinquenta minutos seguintes, Dave dividiu conosco as mensagens que, segundo ele, o mundo dos espíritos lhe transmitia. Ele não sabia o nome de Max nem que eu tentava me comunicar com ele. Não lhe dissemos nada, literalmente nada. Embora no começo ele tenha mencionado alguns nomes irrelevantes, de repente, no meio da sessão, disse:

– Vejo um M. – E continuou: – Esse espírito M lhe deseja alegria e felicidade e quer que você siga em frente com sua vida. Ele diz que a ajudou a ajeitar as coisas. A ligar os pontos. Sinto que era muito protetor e muito atencioso. Está cuidando de você no outro lado.

Isso quer dizer que Max "ajeitara" a mão no espelho, o movimento dos tapetes, a pegada e os outros fenômenos? E a parte sobre se sentir protetor e cuidar de mim no outro lado era reconfortante, mas muito genérica. Eu não sabia direito o que pensar.

À medida que a sessão avançava, Jim e eu sentíamos que sua precisão era inconsistente. Não estávamos nos falando, mas trocávamos olhares e nos comunicávamos por meio de linguagem corporal. Algumas coisas que ouvimos estavam simplesmente erradas. Outras eram apenas confusas. Por exemplo, uma parte significativa da comunicação parecia voltada a Jim e envolvia seu pai.

No entanto, tivemos uma introdução surpreendente a uma questão que pode surgir quando se trabalha com médiuns. Geralmente, o médium pedirá ao consulente que continue a pensar nas mensagens muito tempo depois do fim da sessão. Parece que é comum o consulente reconhecer alguma ligação ou um significado apenas mais tarde. Foi exatamente o que aconteceu comigo e com Jim. Dave fez uma pergunta muito específica que não tinha nada a ver com Max e não fez sentido absolutamente nenhum para nós. Na verdade, era uma pergunta tão estranha e obscura que conversamos sobre ela depois de sairmos e nos perguntamos como Dave tinha passado tão longe.

Mas, cerca de um ano depois, essa mesma pergunta foi respondida de tal maneira que ficamos atônitos com a legitimidade da visão de Dave. Tinha a ver com um problema médico que Jim prefere manter em particular. Em poucas palavras: Dave previra o futuro. Ele foi além de sua capacidade de médium. Era vidente também. Em última análise, sua precisão e sua especificidade foram de arrepiar.

Houve outro aspecto verdadeiramente espantoso nessa sessão. No finalzinho, Dave ficou um minuto em silêncio, depois ergueu os olhos e disse:

– Acho que é tudo o que vou conseguir. Espero que vocês achem útil. Têm alguma pergunta?

Não senti necessidade de perguntar mais nada. Mas Jim interrompeu e disse:

– Dave, só mais uma coisa. Você vê algo que tenha a ver com mãos? De M... Max, quero dizer.

Agora, isso é estreitar um pouco o assunto, sem dúvida. Mas ainda há uma boa série de possibilidades. Poderia tratar-se de leitura de mãos, como na quiromancia, ou mãos em oração, talvez mãos dadas ou uma escultura de mãos. Então achei que era uma pergunta justa.

Dave não disse nada por algum tempo e ficou perfeitamente imóvel na cadeira. Eu estava começando a ficar um pouco ansiosa quando, de repente, ele disse:

– Vejo marcas de mão. Como numa vidraça ou num espelho.

capítulo 20

Desafiando a comunidade científica

A pesquisa do Dr. Radin e de outros sugere que os seres humanos têm capacidade telepática. Experiências cientificamente embasadas já foram capazes de medi-la. É claro que a capacidade individual varia, assim como nos esportes, na música, nas artes plásticas. Mas a maioria dos cientistas tradicionais se recusa a aceitar as evidências de fenômenos psíquicos ou prefere ignorá-los. São céticos, e eu respeito e entendo o ceticismo. No setor jornalístico, somos céticos bem treinados. Os repórteres questionam repetidamente a validade ou a verdade do que as fontes lhes dizem. Sem dúvida os cientistas fazem o mesmo. É o que realmente deveriam fazer.

Quando falei ao Dr. Bruce Greyson que era cética a respeito de médiuns, sua reação foi a que eu esperava:

– Sou cético sobre tudo.

Mas, quando isso se transforma em recusa a levar em consideração informações novas, o questionamento saudável se transforma em preconceito. Como disse Loyd Auerbach: "De que forma seria científico ignorar essas coisas? Essa é a coisa mais anticientífica que eles poderiam fazer."

Para me ajudar a entender o paradoxo da resistência da comunidade científica à parapsicologia como disciplina e inserir minhas experiências num contexto maior, pedi ao Dr. Radin que me recomendasse alguém. Ele me encaminhou ao Dr. Charles Tart, personagem importante no mundo da parapsicologia. Falou que o Dr. Tart entendia as comunicações pós-morte, como as que eu vinha recebendo, tão bem quanto qualquer um no campo.

Entrei em contato com o Dr. Tart, e ele foi mais do que receptivo quando propus um encontro. Isso significava outra viagem de carro! Jim, Blue e eu fomos de Sun Valley à Califórnia em dois dias. (Minha mala era gigantesca, Jim levou sua sacolinha e Blue, seu frisbee de confiança.)

Para descansar no meio do caminho, passamos a noite em Jackpot, no estado de Nevada, no famoso Cactus Pete's Resort Casino. Enquanto atravessava o cassino para ir até nosso quarto, ouvi os sons onipresentes das máquinas de caça-níqueis ao fundo, quase como um parque de diversões. Os grandes salões públicos do cassino contrastavam drasticamente com o deserto humilde e natural diante da porta da frente. Dormimos bem, tomamos um café da manhã substancial no dia seguinte (bom, as panquecas de Jim eram substanciais, meu iogurte nem tanto) e seguimos para a Califórnia.

Chegamos à casa do Dr. Tart, que ficava encravada entre os morros próximos ao campus de Berkeley da Universidade da Califórnia, num dia espetacularmente bonito e ensolarado. Foi complicado manobrar nossa volumosa picape Toyota Sequoia pelas ruas estreitas.

Na porta da frente de sua encantadora casa, o Dr. Tart nos recebeu com um sorriso aberto e um aperto de mão vigoroso. Ele nos levou ao seu escritório, numa casinha separada no mesmo terreno, entre árvores grossas. Não poderia ter sido mais gentil. Eu caminhava atrás dele e notei que era muito alto e tinha, provavelmente, uns 70 e poucos anos. Vestia-se informalmente e usava óculos grandes. Ao entrar em seu escritório, pude ver que era mais do que um lugar reservado. Era um santuário íntimo, cheio da vida de Charles Tart. Fotos de família, de colegas de profissão, de viagens, estantes do chão ao teto repletas de livros que, claramente, tinham sido lidos e consultados muitas vezes. O Dr. Tart sentou-se à grande escrivaninha, numa cadeira confortável que parecia suficientemente gasta, com as mãos entrelaçadas, enquanto nos acomodávamos no sofá diante dele. Por mais ocupado que fosse, não só encontrou tempo para nós como esteve totalmente presente durante esse tempo. Sem distrações, sem preocupações. Ele é um cavalheiro.

O Dr. Tart estava à frente do campo da parapsicologia havia pelo menos cinco décadas. Suas contribuições foram fundamentais para a conscientização gradual e crescente do público a respeito do tema. Pelo que percebi entre todos os cientistas do campo que entrevistei, "Charley", como os colegas o chamam, é amado e respeitado por todos.

Como sempre, pedi-lhe que me contasse sua história.

O Dr. Tart estudou Engenharia Elétrica no Instituto de Tecnologia de Massachusetts, mas logo percebeu que sua verdadeira vocação era a Psicologia. Portanto, transferiu-se para a Universidade Duke, lar do mundialmente famoso laboratório de parapsicologia de J. B. Rhine. Depois, mudou-se para a Universidade da Carolina do Norte, a alguns quilômetros, e lá se formou em Psicologia e fez o mestrado e o doutorado.

O pós-doutorado em hipnose foi feito na Universidade Stanford. Ele é professor emérito de Psicologia do campus de Davis da Universidade da Califórnia, onde passou 28 anos no corpo docente. Também está no corpo docente executivo do Instituto de Psicologia Transpessoal, hoje chamado Universidade Sofia, e participa do conselho consultivo do Centro de Pesquisas Rhine.

Sozinho ou em coautoria, o Dr. Tart escreveu 14 livros. Ele quer que seus livros sejam lidos por todos, não só pela comunidade científica. E brincou conosco: "Só escrevo livros para pessoas que vão morrer." Seu estilo é tão acessível que já lhe custou uma promoção acadêmica que ele tanto queria e merecia. Disseram-lhe que seus livros eram escritos com tanta clareza que não era possível que tivessem qualidade acadêmica.

Perguntei-lhe sobre as comunicações pós-morte (CPM) e lhe falei rapidamente de minhas experiências. Sua reação às marcas de mão no espelho foram coerentes com as do Dr. Radin: ele não se surpreendeu.

Conversamos sobre seu livro *O fim do materialismo*, no qual ele cita a obra de Bill e Judy Guggenheim que, no final da década de 1980, documentou tipos e características de comunicações pós-morte. Com base em entrevistas com mais de duas mil pessoas, eles verificaram que quem teve experiências de CPM as descrevia como a sensação de uma presença, uma voz, um toque ou uma fragrância. Também incluíam visões (das translúcidas à realidade sólida e completa), telefonemas, movimento paranormal de objetos e vários sinais da pessoa falecida. Houve relato de experiências extracorpóreas e oníricas, nas quais a realidade se altera quando a pessoa adormece ou está acordando. Às vezes, essas experiências não são relatadas como sonhos, mas como experiências vívidas de contato com os falecidos. Finalmente, há também os casos de estados alterados em que a comunicação é sentida por meio da meditação ou da oração.

Escutar o Dr. Tart descrever sua pesquisa reforçou algo que eu agora percebia: muitas das coisas pelas quais eu passei também foram vivenciadas por outros. Quando tive minha experiência fora do corpo, achei que era fora do comum porque não sabia nada sobre isso e nunca sentira nada parecido. Mas, depois de visitar o Instituto Monroe, na Virgínia, descobri que não era a primeira pessoa que passava por aquilo. Até encontrar o Dr. Wendland em Ventura, o Dr. Radin em Petaluma, o Dr. Schwartz em Tucson e o Dr. Greyson em Charlottesville, eu não sabia nada sobre a pesquisa acerca da consciência. Agora eu sabia que havia todo um trabalho por trás da suposição de que a consciência sobrevive à morte.

Tenho um enorme respeito e muita gratidão por esses homens que foram contra a maré de seu universo acadêmico e científico tradicional e correram o risco do estigma do campo da parapsicologia. Para pensar fora da caixinha de uma disciplina, é preciso coragem. Até aquele ponto de minha jornada, eu não tinha encontrado um único profissional que não tivesse precisado lutar. Aquela gente não seguia pelo caminho fácil do endosso e do reforço. Eles seguiam o caminho difícil de se manter fiel ao que acreditavam, apesar da ridicularização e do ceticismo.

Quando mostrei minhas fotos ao Dr. Tart, ele logo sugeriu, com muita gentileza, várias coisas que eu deveria ter feito, como obter impressões digitais do espelho ou mandar legistas analisarem uma amostra daquele material das marcas de mão. Depois ele ergueu os olhos para meu rosto e pediu desculpas.

– Sou um nerd, acho que a senhora entende – disse ele, com um brilho nos olhos.

– É, eu sei que deveria ter feito tudo isso. Mas, na época, só pensei em fotografar. Não sou cientista, acho que o senhor entende.

Nós dois rimos.

Quis que ele falasse sobre a resistência dos cientistas tradicionais ao estudo da parapsicologia. Eu levara comigo *O fim do materialismo* e o peguei na mochila. É um livro que não só li de cabo a rabo como me deu um prazer imenso. Havia uma razão: o estilo do Dr. Tart tornava isso possível. Fiquei contente de abri-lo em sua presença com certa dramaticidade e lhe mostrar todos os meus destaques e anotações.

No livro, o Dr. Tart descreve o materialismo como o ponto de vista aceito pela imensa maioria dos cientistas. Ele se refere assim ao pressuposto de que as correntes elétricas e as reações químicas do cérebro é que criam a consciência. Em outras palavras: sem cérebro não há consciência. Naturalmente, isso impede que a consciência sobreviva à morte e torna impossíveis os fenômenos que presenciei.

Mas a opinião do Dr. Tart é que esses materialistas estão desprezando os fatos. Ele observa que pessoas do mundo inteiro e ao longo de toda a história relataram atividades psíquicas. E o que constitui a atividade psíquica, de acordo com o Dr. Tart? Ele define as "cinco grandes": telepatia, clarividência, precognição, psicocinese e cura mediúnica.

– Cada uma das cinco grandes tem centenas de experimentos bem controlados que comprovam sua existência, além de centenas de milhares de relatos de eventos ocorridos com pessoas comuns na vida cotidiana que, muito provavelmente, foram provocados por uma dessas funções psíquicas – disse ele.

Segundo o Dr. Tart, aqueles que desdenham dessas evidências, mais do que ignorá-las, praticam a ciência inapropriadamente. Em seu livro, ele cita a opinião de Abraham Maslow, fundador da psicologia humanista. "Usada corretamente, a ciência pode ser um sistema de crescimento pessoal de grande poder, aberto e capaz de corrigir erros. Usada de forma incorreta e pouco apropriada, a ciência pode ser um dos melhores e mais prestigiosos mecanismos neuróticos de defesa que existem." Como ele explica, "a ciência, portanto, pode ser uma defesa. Pode ser, principalmente, uma filosofia de segurança, um sistema de prevenção, um modo complicado de evitar ansiedade e problemas angustiantes".

O Dr. Tart chama essa situação complicada de "cientismo".

– Nos dias de hoje, o cientismo consiste especialmente num compromisso dogmático com uma filosofia materialista que despreza e nega o mundo espiritual, em vez de examiná-lo atentamente e tentar entendê-lo – disse o Dr. Tart.

Pior ainda é quando essa recusa a examinar os fenômenos espirituais é encoberta pelo manto da ciência, que, segundo ele, vê isso como "perversão da ciência genuína".

– Ser cético – disse ele – é uma estratégia racional e sensata na vida. Achamos que sabemos muita coisa sobre as quais podemos estar enganados. Ser cético também é um papel social honrado, de alto status, principalmente nos círculos intelectuais. Tendemos a ver os céticos como mais inteligentes e espertos do que aqueles que aceitam sem questionar tudo o que lhe dizem. Ser cético significa ser uma pessoa inteligente que examinou com mais atenção do que a maioria e investigou algo de modo mais completo, porque quer conhecer a verdade, ou, pelo menos, se aproximar mais da verdade, a respeito de determinado assunto.

Por outro lado, há o que ele chama de "pseudocéticos". Eles afirmam ser céticos e estar interessados em chegar à verdade ao duvidar da adequação das explicações atuais. Na verdade, eles adotam e defendem outro sistema de crenças que, conforme acreditam, já comporta toda a verdade necessária. Isso acaba confundindo as perguntas legítimas que são feitas pelos céticos, explica o Dr. Tart.

Os vários praticantes que entrevistei apresentam suas descobertas e experiências como "evidências" de que a consciência sobrevive à morte física. Isso é muito diferente de afirmar que são "provas". As provas têm sido escorregadias. Mas há evidências constantes e suficientes, reproduzidas sob controle científico e ocorridas com tanta frequência que não deveriam ser ignoradas.

Quando me encontrei com o Dr. Radin, ele explicou: "A questão não é se há ou não evidências científicas, mas o que a avaliação dessas evidências revela." Em outras palavras, disse o Dr. Radin, "o pensamento crítico é uma faca de dois gumes. Pode ser aplicado a qualquer afirmação, inclusive à dos céticos". Concordo plenamente.

No livro *The Conscious Universe*, o Dr. Radin afirma:

A tendência a adotar um conjunto fixo de crenças e defendê-lo até a morte é incompatível com a ciência, que, em essência, é uma confederação pouco rígida de teorias que evoluem em muitos domínios. Infelizmente, essa tendência levou alguns cientistas a continuarem defendendo visões de mundo inexatas e desatualizadas. Também se vê essa tendência no comportamento de céticos beligerantes que proclamam ruidosamente que a crença generalizada em fenômenos psíquicos reflete uma diminuição da capacidade de pensamento crítico do público. Seria de se esperar que às vezes esses céticos aplicassem um pouco de ceticismo a suas posições, mas a história tem inúmeros exemplos de que a ciência avança principalmente por meio de funerais, não só pela razão e pela lógica.

Ele me lembrou que Copérnico e Galileu foram publicamente humilhados e socialmente rejeitados por suas ideias. E, naquele tempo, desviar do caminho das teorias aceitas representava um risco de vida. Ao menos hoje não há esse perigo, mas ainda existe a possibilidade de ridicularização e humilhação pública e, na comunidade acadêmica, põe em risco a carreira científica. Sorri ao ver o seguinte título de um artigo publicado em 1996 pela *The New York Times Magazine* sobre o Dr. Radin: ELES TAMBÉM RIRAM DE GALILEU.

Uma teoria não está errada só porque, a princípio, foi ridicularizada. Apenas a pesquisa científica controlada determinará seu valor. Os céticos não vão desaparecer – nem os cientistas e pesquisadores que querem entender a consciência.

Portanto, o que será necessário para remover o estigma quando falamos sobre comunicações pós-morte e fenômenos psíquicos e para nos fazer avançar? Perguntei ao Dr. Tart por que os sucessos documentados da parapsicologia têm tão pouco reconhecimento.

– Lembre-se de que a parapsicologia científica é um empreendimento de escala ínfima e que foram necessárias décadas para reunir essas evidências – disse o Dr. Tart. – Minha estimativa grosseira atual é de que apenas algumas dezenas de pessoas realizam pesquisas parapsicológicas, e isso estritamente em meio período. Duvido que a pesquisa parapsicológica no mundo inteiro num ano se iguale a uma hora de qualquer outro campo da pesquisa tradicional.

Além disso, há a escassez de recursos que, em geral, assola esse campo. O Dr. Tart o comparou à cura do resfriado comum.

– É como se as bolsas de pesquisas fossem distribuídas assim: "Vamos curar o resfriado comum. Eis 13 mil dólares por ano para isso" – disse ele. – Bom, só que é um pouco mais complicado.

Talvez o maior desafio seja criar um ambiente controlado para a pesquisa. O Dr. Tart usa a analogia da eletricidade para explicar:

– Conhecemos a eletricidade porque os raios caem – disse ele. – Mas eles caem e, depois, acabou. É difícil aprender alguma coisa depois que acaba. Esfregamos o sapato no tapete e, às vezes, vemos uma fagulha de eletricidade estática, e sabemos disso. Mas, depois, acabou. O fato é que não sabíamos nada sobre eletricidade até que inventamos a pilha. A pilha possui eletricidade constante, confiável e mais forte do que a de fagulhas intermitentes de estática. Se a parapsicologia conseguisse criar algo equivalente a uma pilha, poderíamos realmente começar a entendê-la. Mas até lá teremos de lidar com casos espontâneos, como as EQM ou os fenômenos que a senhora vivenciou. Eles acontecem e, depois, acabam.

Se, como defende o Dr. Radin, a demanda pública está fazendo com que mais pesquisas sejam feitas, isso é um sinal de que o sentimento das pessoas esteja mudando?

Sem dúvida é. Um fenômeno recente concentra a atenção de pessoas comuns acerca de questões que envolvem a morte. No verão de 2013, o noticiário descreveu as chamadas "Death Cafes", um tipo de reunião que apareceu em quase quarenta cidades no ano anterior. Não são grupos de apoio ao luto nem sessões de planejamento para problemas do fim da vida. Em geral, são reuniões mensais em que pessoas interessadas pelo assunto conversam sobre como é a morte, por que a tememos e como a percepção da morte afeta nosso modo de viver. Os participantes também discutem como deve ser a vida após a morte e contam histórias sobre sonhos ou "visitas" de entes queridos que morreram. Os cafés, que seguem o modelo dos europeus, estão abordando um tema que costumava ser tabu para os americanos.

Uma reportagem recente do *The Wall Street Journal* tratou de uma aula dada pela Dra. Norma Bowe, na Universidade Kean, intitulada "A morte em perspectiva". A lista de espera é de três anos. O artigo afirma que há milhares de cursos sobre morte e mortalidade em campi universitários ao longo dos Estados Unidos.

Os cientistas céticos também podem estar mudando um pouquinho de opinião, disse o Dr. Radin:

– Nos últimos anos, os poucos céticos que estudaram com detalhes as evidências científicas têm moderado significativamente suas opiniões prévias, mas isso não foi bem divulgado – disse.

Depois que a revista *Newsweek* fez uma reportagem de capa sobre o livro do Dr. Eben Alexander, o neurocientista cognitivo e ateu Dr. Sam Harris, apesar da crítica atenta, aceitou a possibilidade de enxergar a consciência separadamente do cérebro.

"Como muitos sabem, estou interessado em experiências 'espirituais' do tipo que Alexander relata", escreveu o Dr. Harris em seu blog. "Ao contrário de muitos ateus, não duvido dos fenômenos *subjetivos* propriamente ditos; isto é, não acredito que todos que afirmam ter visto um anjo, saído de seu corpo em transe ou se tornado um só com o Universo estejam mentindo ou mentalmente doentes. E, ao contrário de muitos neurocientistas e filósofos, continuo agnóstico diante da questão de como a consciência se relaciona com o mundo físico."

Perguntei ao Dr. Radin por que há tantos mitos no caso dos fenômenos psíquicos.

– Os céticos que tentaram bloquear a pesquisa parapsicológica com o uso da retórica e da ridicularização também têm sido responsáveis por perpetuar muitos mitos populares associados aos fenômenos psíquicos – explicou ele. – Caso cientistas sérios sejam impedidos de investigar as declarações de fenômenos psíquicos por medo de manchar sua reputação, quem vai realizar essas investigações? Céticos radicais? Não, porque o fato é que a maioria dos radicais não pesquisa, e é especializada em criticar. Crentes radicais? Não, porque em geral eles não estão interessados na realização de estudos científicos rigorosos.

Que tal fazer um desafio público?

Em fevereiro de 2013, um grupo de líderes da internet, como o empresário russo Yuri Milner; Sergey Brin, um dos fundadores do Google; Mark Zuckerberg, fundador do Facebook; e Anne Wojcicki, fundadora da empresa de genética 23andMe, criou um prêmio chamado Breakthrough Prize in Life Sciences (Prêmio Avanço nas Ciências da Vida). De acordo com uma reportagem do *The New York Times* publicada em 20 de fevereiro de 2013, a Sra. Wojcicki declarou que o prêmio pretendia "recompensar cientistas que pensem grande, assumam riscos e causem um impacto significativo em nossa vida". De acordo com a reportagem, cada cientista indicado receberia o "prêmio acadêmico mais valioso do mundo para medicina e biologia: 3 milhões de dólares cada, mais que o dobro da quantia do Prêmio Nobel".

Por que não financiar o estudo da consciência? Prêmios sérios para que cientistas sérios que investigam a consciência provem ou refutem sua existência isolada do funcionamento do cérebro seriam incrivelmente valiosos. Talvez os líderes dos setores de entretenimento ou da alta tecnologia estejam abertos a isso. Eles estão em setores inovadores, de muito risco, que exigem imaginação. Eles se sobressaem na engenhosidade. Essa seria uma oportunidade de fazer exatamente isso. Com financiamento, a conscientização aumentaria, e, com o aumento da conscientização, tudo é possível.

Em minhas entrevistas com vários cientistas, uma analogia que fizeram muitas vezes quando discutíamos a questão do financiamento das pesquisas foi com a organização de Susan G. Komen. Essa entidade foi concebida em 1982 para combater o câncer de mama e conseguiu aumentar a conscientização e o financiamento, principalmente com seu evento Race for the Cure (Corrida pela cura). De acordo com seu site, eles investiram mais de 2,5 bilhões de dólares em pesquisa e programas. Começaram com 200 dólares e "uma caixa de sapatos cheia de nomes de possíveis doadores"; com o tempo, ela se tornou a maior organização contra o câncer de mama nos Estados Unidos. A conscientização mudou tudo quando as mulheres tomaram a frente da situação. O financiamento, até então concentrado principalmente nos cânceres masculinos, começou a se expandir. Acredito que fontes legítimas de financiamento surgirão em apoio ao estudo da sobrevivência da consciência. Mas primeiro ele tem de ser reconhecido como um campo de pesquisa válido.

capítulo 21

Desafiando a mídia

Assim como os cientistas tradicionais, os meios de comunicação também costumam ser céticos a respeito dos fenômenos psíquicos. Comecei a pensar de que forma o setor jornalístico lida (ou não) com o tópico da vida após a morte. A abordagem é justa? É considerado notícia ou entretenimento? Será que há nos jornais reportagens investigativas significativas sobre o assunto? E filmes ou programas de TV que deem credibilidade à ideia de que continuamos a viver de outra forma?

Lembro-me de ter visto Patrick Swayze e Demi Moore representarem, em *Ghost - Do outro lado da vida*, um casal cujo vínculo sobrevive à morte. E também me lembro de *O mistério da libélula*, em que Kevin Costner é um médico de luto com quem a esposa falecida faz contato por meio das experiências de quase morte dos pacientes. E, para mim, o tratamento do sobrenatural no cinema não passa disso.

Não vi muito mais coisa na TV. Anos atrás, assisti a *Medium*, seriado inspirado em Allison DuBois, que afirma ver gente morta. E também a *Ghost Whisperer* (*Entre vidas*), com Jennifer Love Hewitt representando uma mulher que consegue ver fantasmas e se comunicar com eles. Mais uma vez, não passa disso.

No terreno da imprensa, observei a falta de cobertura séria dessas questões ligadas à sobrevivência da consciência, tanto nos jornais quanto no rádio, na TV e na internet.

Já vou avisando que sou tendenciosa quando se trata da imprensa. Acredito piamente em sua importância para o bom funcionamento da democracia. Não há como negligenciar a influência dos meios de comunicação. Acredito que, sem eles, nos arriscamos a ficar desinformados. Quer a cobertura se concentre em eleições presidenciais, quer prefira o sistema de ensino, as empresas, a comunidade médica ou os eventos culturais, é essencial saber o que está acontecendo.

Individualmente, pegamos essas informações e as usamos para formar nossas opiniões. Aumentamos em nossa capacidade de raciocínio. Em resumo, os meios de comunicação afetam o que sabemos, e o que sabemos afeta nosso modo de pensar. Nosso modo de pensar conduz nosso comportamento e nossas opções de vida.

E a responsabilidade dos meios de comunicação perante leitores e espectadores? Acredito que, por sua vez, a imprensa tem o dever de nos apresentar uma cobertura justa e equilibrada, dado seu poder e sua liberdade irrestritos.

Não vi qualquer cobertura jornalística justa e completa sobre esse importante tema: o que acontece quando morremos. Por que não há mais reportagens, e por que elas não dão ao assunto todo o respeito que merece na maioria dos casos?

Nas entrevistas que fiz com cientistas e pesquisadores desse campo, descobri que é quase unânime sua desconfiança em relação aos meios de comunicação – desconfiança, infelizmente, como a do público em geral em relação ao assunto, de acordo com numerosas pesquisas. Não é difícil entender por que os cientistas se sentem assim. A cobertura jornalística de seu campo é paradoxal: boa para aumentar um pouco a conscientização, mas geralmente apresentada de maneira superficial ou condescendente. Como explica o Dr. Dean Radin:

– A loucura neste campo é que, do ponto de vista tradicional, como foi demonstrado por revistas científicas, televisão e jornais, ele não existe, não é considerado notícia ou só serve para matérias bobas na linha de curiosidades. Mas, quando começamos a cavar um pouquinho, vemos que há muito mais do que isso. Também descobrimos que pouquíssimas pessoas são neutras a respeito desse tópico; elas o adoram ou o detestam.

O Dr. Charles Tart se preocupa porque os noticiários, na tentativa de parecer equilibrados, citam pessoas cujas credenciais não se igualam às daquelas que realizaram as pesquisas.

– Vários meios de comunicação adoram noticiar essas controvérsias provocadas por pseudocéticos e, geralmente, dão a eles uma elevada posição de "especialistas" porque: (1) quem administra um meio específico também é pseudocético e está comprometido com o materialismo científico; (2) como já disseram muitos jornalistas mais cínicos, a polêmica vende mais jornal do que reportagens bem apuradas; ou (3) ambos.

Não concordo que a polêmica venda mais jornais do que reportagens bem apuradas. Sim, conflito e drama são inerentes à imprensa. Afinal de contas, um pouso bem-sucedido não vira notícia; um acidente de avião, sim. Mas a reportagem bem apurada é a essência da credibilidade de um jornal de qualidade, e não há sensacionalismo nem polêmica que sustente um jornal a longo prazo. Em minha experiência, comprovei que repórteres e editores estão muito mais preocupados em publicar reportagens bem apuradas do que em vender jornais.

Antes de investigar ativamente ciência e espiritualidade e de ler numerosos livros em minha jornada, eu realmente não encontrara livros de grande circulação dedicados ao exame da sobrevivência da consciência. Também não lera muito em jornais sobre a pesquisa científica dos fenômenos psíquicos, fosse em manchetes, fosse em um texto investigativo.

No entanto, acho que os meios de comunicação estão evoluindo (lentamente) em seu modo de abordar os fenômenos psíquicos. Um episódio intitulado "The Sixth Sense" (O sexto sentido) do programa *20/20*, da rede de TV americana ABC, apresentado por Elizabeth Vargas em outubro de 2012, mostrou vários exemplos – uma miscelânea, na verdade, que parece um desserviço a qualquer exame sério de um tema específico. Muitas questões foram tratadas com respeito, embora houvesse muitas piadas e música cafona, e a data estivesse ligada ao Halloween, como se isso fosse pertinente. A Sra. Vargas descreveu o mundo paranormal como um mercado de 2 bilhões de dólares, sugerindo, aparentemente, que o dinheiro envolvido deveria nos deixar desconfiados.

O programa apresentou Theresa Caputo, a médium de Long Island; o Dr. Eben Alexander; Sidney Friedman, leitor de pensamentos; Laura Day, intuitiva que afirma ver o futuro; o cão Mattie, caçador de fantasmas; e, o que foi mais interessante, o Dr. Radin. Friedman não adivinhou corretamente o número que pediu à Sra. Vargas que pensasse. Ele perguntou brincando se ela ficara impressionada. Ela respondeu que não. Por breves dois minutos no final, o Dr. Radin discutiu as evidências convincentes da capacidade precognitiva. Se lhe dessem mais tempo ou se o formato permitisse uma conversa mais séria, os telespectadores ficariam muito mais bem informados. A Sra. Vargas mencionou o Centro de Pesquisas Rhine, que vem fazendo investigações nesse campo há mais de 85 anos. Mas falou sobre o trabalho por alto, sem lhe dar a devida importância.

No final de 2012, em seu programa *Katie*, Katie Couric apresentou um episódio interessante chamado "To Heaven and Back" (Fui ao céu e voltei). Foi mais um exemplo de mistura de conteúdo autêntico com abordagem questionável. O programa começou com a onipresente Theresa Caputo. Depois, vieram Colton Burpo, o menininho cuja experiência de quase morte inspirou o livro (e agora filme) *O céu é de verdade*, e a Dra. Mary Neal, autora do livro *Fui ao céu e voltei*. A Dra. Neal conta a história de seu acidente de caiaque em 1999, na América do Sul, e a experiência de quase morte resultante. Ela também apareceu no programa *Today*.

Anderson Cooper veio depois, com um episódio também chamado "To Heaven and Back", no qual entrevistou Mary Neal, ao lado de Anita Moorjani, que teve linfoma em estágio 4 e relatou uma experiência de quase morte na qual escolheu retornar ao corpo.

Esses programas de TV não descartaram completamente os fenômenos psíquicos. Incluíram várias opiniões. Em alguns casos, até levantaram possibilidades interessantes. Mas, em geral, foram superficiais e cheios de ideias estereotipadas. Era como se todos os estudos sobre eventos climáticos – furacões, tornados, correntes marinhas, secas, padrões de precipitação, formação de nuvens – fossem aglomerados numa única categoria, e um único programa fosse planejado para falar de tudo isso. E depois, durante alguns anos, não haveria necessidade de outras reportagens sobre estudos do clima. Não entendo como essa abordagem poderia trazer novos conhecimentos importantes para o público.

Um fato estimulante foi que, em 2011, o Biography Channel começou uma série chamada *I Survived... Beyond and Back* (Sobrevivi... no além e voltei). Os episódios mostram histórias de quem já passou para o outro lado. Talvez tenha sido provocado pelo sucesso de *My Ghost Story* (Minha história de fantasmas), que a emissora lançou em 2010 para apresentar casos paranormais contados por quem os vivenciou. A série teve seis temporadas e durou até 2013.

É claro que a televisão agora está migrando para a internet por meio do YouTube. Um dos exemplos de material informativo que se pode encontrar no YouTube é o relato do trabalho do Dr. Melvin Morse, que estuda experiências de quase morte em crianças. Há vídeos com a sua participação na versão australiana do programa jornalístico *60 Minutes*, no *The Oprah Winfrey Show* e no Sistema de Transmissão Pública da Universidade de Washington.

Outro recurso da internet é o *Afterlife TV* (TV Vida após a morte), fundado por Bob Olson e sua esposa Melissa. O Sr. Olson entrevista vários especialistas no assunto. Como ex-detetive particular, ele tenta identificar as fraudes e os líderes espirituais legítimos.

Parece que os jornais estão se abrindo lentamente à menção da vida após a morte. Fiquei especialmente comovida com a coluna de Peggy Noonan no *The Wall Street Journal* em 27 de dezembro de 2011. Ela escreveu sobre o discurso fúnebre de Mona Simpson no funeral de Steve Jobs, um dos fundadores da Apple. (A Sra. Simpson é irmã de Steve Jobs, e uma versão desse discurso foi publicada no *The New York Times*.) De acordo com Noonan, "ele olhava os filhos 'como se não conseguisse desviar o olhar'. Ele se despediu dela, falou-lhe de sua tristeza por não poderem envelhecer juntos e 'que ia para um lugar melhor'. Em suas últimas horas, a respiração ficou profunda, irregular, como se ele estivesse subindo uma escada. Antes de partir, ele olhou a irmã Patty, depois os filhos por um bom tempo, depois Laurene, sua parceira de vida, e depois para além deles, por cima de seus ombros. As últimas palavras de Steve foram: 'OH, UAU. OH, UAU. OH, UAU'".

Lee Hawkins, do site WSJ.com do *The Wall Street Journal*, também contou uma ocorrência interessante com a mãe de Whitney Houston antes que ela soubesse que a filha havia morrido. Cissy Houston estava em seu apartamento, e a campainha tocou. Quando atendeu, não havia ninguém lá. Isso parecia com o que me aconteceu: eu ouvia baterem à nossa porta da frente, mas nunca havia ninguém. E às vezes a porta de tela se abria e fechava sozinha. Com Cissy Houston, isso aconteceu várias vezes, e finalmente ela ligou para o zelador e lhe disse que alguém estava tocando sua campainha. Ele verificou as câmeras de segurança e lhe disse que não havia ninguém lá. Ela acredita que foi visitada pelo espírito de Whitney, porque a filha famosa lhe prometera visitá-la depois da cerimônia do prêmio Grammy.

Também foi interessante a publicação em 27 de agosto de 2013, na primeira página do *The Wall Street Journal*, de uma reportagem sobre um dos advogados especializados em óbitos mais respeitados do país que também trabalha como curador espiritual energético. Kenneth Klee se diz capaz de "falar com espíritos" e "consertar corpos e almas feridos". A reportagem observa que não há prova conclusiva de que a cura energética funcione, mas evitou o tom zombeteiro.

Infelizmente, só consegui encontrar um documentário legítimo que aborda essas questões com investigação construtiva e profunda. *What the Bleep Do We Know!? Down the Rabbit Hole* (*Quem somos nós?*) apresentou 17 profissionais respeitadíssimos, como o Dr. Radin, nos campos da física, da neurologia, da anestesiologia, da biologia molecular, da cura espiritual e do jornalismo. Mas foi produzido há mais de uma década, em 2004.

Os livros parecem estar à frente, com exames sérios da vida após a morte. Numa única busca superficial no Google e na Amazon, encontrei mais de oitenta livros sobre o tema. Felizmente, alguns eram de cientistas. A maioria foi publicada a partir de 2010, uma tendência esperançosa.

Dado o imenso poder dos que estão na grande mídia e sua capacidade inerente de determinar nosso modo de ver o mundo, fico naturalmente interessada pelo que pode motivá-los a cobrir com mais seriedade, rigor e equilíbrio o tópico da vida após a morte.

Portanto, recorri a alguém cujo amplo histórico na mídia o torna muito bem qualificado para esclarecer essa charada: meu bom amigo Shelby Coffey. Conheci-o quando ele era vice-presidente executivo e editor do *The Los Angeles Times* e eu, vice-presidente sênior de publicidade. Há uma linha invisível mas muito bem entendida entre o lado jornalístico e o lado empresarial de jornais de qualidade. Shelby e eu nunca a cruzamos. Trabalhamos juntos durante muitos anos, e tenho o máximo respeito e a máxima consideração por ele, como todos nós da equipe executiva que, na época, nos reportávamos a nosso diretor Dick Schlosberg.

Shelby foi o oitavo editor do *Los Angeles Times* nos 107 anos de história do jornal. Sob sua direção, a publicação ganhou cinco prêmios Pulitzer. Antes, Shelby ocupou cargos editoriais no *The Dallas Times Herald*, no *U.S News and World Report* e no *Washington Post*. Finalmente, ele saiu do *The Los Angeles Times* e foi para a emissora de TV ABC News como vice-presidente executivo, e depois para a CNN como presidente da divisão de noticiário empresarial, substituindo Lou Dobbs. Em 2001, foi nomeado membro do Freedom Forum, concentrando-se em questões dos meios de comunicação e de liberdade de imprensa. Atualmente, é vice-presidente do Newseum, um museu de 23 mil metros quadrados em Washington dedicado a questões jornalísticas e ligadas à liberdade de imprensa.

Perguntei a Shelby o que ele achava do modo como a mídia aborda o tema da vida após a morte.

– Uma das dificuldades de avaliar a cobertura da mídia nessa área é que a mídia é uma fera de muitas cabeças. Portanto, acho que não surpreende que tenhamos uma variedade de coberturas tão desconcertante. Alguns repórteres e editores simplesmente evitam por completo tópicos paranormais. Alguns abordam o material com abertura, mas, como grande parte da comunidade científica é cética, as reportagens costumam refletir esse ceticismo. A mídia vai noticiar o que achar importante. Jornalistas são pessoas, e as pessoas tendem a se aprofundar nos temas que atraem sua paixão e seu interesse. Eles justificarão seu tempo e buscarão aprender o que, pessoalmente, querem saber.

Felizmente, como diz Shelby, "para a mídia tradicional o tema costuma ser interessante: muita gente quer saber, no 'sono da morte, que sonhos virão'". E ele acrescentou:

– Mais uma vez, temos que lembrar que, em última análise, o que chamamos de mídia se resume a pessoas: repórteres e editores. O medo profundo da maioria dos repórteres é de, depois de atraído por um tema, ser enganado e ter seu trabalho ridicularizado, principalmente se revelações posteriores provarem que ele estava errado. A área da vida após a morte costuma atrair charlatões. Assim, a posição básica do repórter é ficar na defensiva e, às vezes, dar uma olhada rápida ou pegar o caminho mais fácil.

Para encerrar, Shelby levou o tema a um plano diferente, que reforça a psicologia do que acontece. Ele disse:

– Em nossa psicologia evolutiva, isso tem uma vantagem adaptativa. Nossos ancestrais mais desconfiados costumavam sobreviver no lugar daqueles que fossem muito ingênuos. Aquela tribo nova que descia o morro era de comerciantes amistosos ou um grupo de assassinos? Muito dependia da resposta certa, inclusive quem sobreviveria para se tornar nosso ancestral.

É uma pena que esse campo tenha tantos charlatões. Tive a sorte de só desperdiçar meu tempo com alguns poucos. Em última análise, o sucesso no avanço da conscientização séria a respeito desse campo dependerá, em grande medida, dos cientistas. Afinal de contas, sejamos claros sobre nossos papéis. Os filmes de Hollywood divertem, os documentários observam e o jornalismo noticia. Os cientistas, porém, criam. Não quero dizer que criem fatos, mas sim conhecimento. É por isso que o financiamento adequado é tão importante. Com isso, vêm a credibilidade e as pesquisas qualificadas e mais prolíficas, que, por sua vez, provocarão uma cobertura mais séria da mídia. Portanto, os cientistas têm seu papel, assim como os meios de comunicação.

O que espero ver é uma abordagem na qual os repórteres mantenham o ceticismo, que sempre é necessário, mas busquem uma representação mais ampla dos cientistas que fazem pesquisas no campo. E quando algum cientista for entrevistado, tomara que o repórter demonstre respeito, assim como o demonstraria caso a matéria fosse sobre trabalhos científicos tradicionais, seja qual for o ponto de vista pessoal que dê à reportagem.

Mas, por mais importante que seja seu papel ao expandir a conscientização sobre o tema, os meios de comunicação não podem liderar. Historicamente, em vez de abrir caminho, a mídia tende a rastrear o movimento do público em geral em áreas polêmicas – até que as notícias exijam cobertura.

O que será preciso para levar os meios de comunicação a cobrir esse campo do modo correto? Será preciso o apoio da opinião pública mencionado na citação de Abraham Lincoln na introdução deste livro. A onda de diálogo público aberto e generalizado estimulará o interesse dos meios de comunicação. Quando a população em geral se envolver em conjunto com a comunidade científica, a mídia irá atrás. Em outras palavras, quando esse assunto entrar legitimamente na linha principal de interesse do público e da comunidade científica, os meios de comunicação o cobrirão de maneira satisfatória.

E como saber que é esse o caso? Shelby explica com perfeição:

– Os repórteres que levam a seus temas diligência, grande talento, ceticismo e mente aberta são sempre os que obtêm resultados excepcionais. Tenho confiança de que, havendo mais trabalho nessa área, os melhores repórteres obterão, nas fronteiras da pesquisa, resultados surpreendentes, capazes até de mudar o mundo.

capítulo 22

ENCONTRANDO MINHA MÃE

O DR. WENDLAND PASSA MUITO TEMPO FAZENDO TRABALHO voluntário em casas de repouso e chegou a uma conclusão polêmica: "A maioria das pessoas mostra seu melhor aspecto quando está morrendo."

Isso me lembrou algo que a Dra. Elisabeth Kübler-Ross disse certa vez: "Os melhores professores do mundo são os pacientes em estado terminal." No início de 2012, era óbvio que a saúde de minha mãe estava se deteriorando depressa e que ela não viveria muito. Mentalmente, estava completamente lúcida. Lia o jornal de cabo a rabo todos os dias e acompanhava livros e revistas. Embora a vista estivesse fraca, ela não abandonou sua paixão por ler e se manter atualizada a respeito do que acontecia no mundo. Costumava aproveitar a biblioteca de papai e lia livros que sabia que ele amava. Ela lidou bem com a morte dele, e nós, seus filhos adultos, estávamos impressionados com sua independência.

Depois que papai morreu, meu relacionamento com mamãe continuou tão complicado quanto era antes, quando ele estava vivo; mantive a rotina que praticava havia mais de seis décadas. Eu desenvolvera um método à prova de falhas para lidar com a tensão perpétua entre nós: simplesmente não me envolvia muito com ela. Eu lhe telefonava e conversávamos. Em geral, isso significava que ela falava (muito alto) e eu escutava. Eu era bem educada... bom, na maioria das vezes. Mas não lhe falava sobre minha vida nem meus pensamentos. Fazia muito tempo que desistira de buscar ou esperar uma comunicação real. Sentia pena dela e me preocupava à distância com seus problemas de saúde, mas nada mudou em nosso relacionamento.

Aos 93 anos, ela estava emagrecendo muito, tinha pressão alta e mostrava evidências de que seus órgãos estavam falhando. Enfrentava infecções regularmente e vivia sendo internada no hospital de Dallas. Minha irmã Signe morava perto de mamãe e fazia o serviço pesado, cuidando das consultas médicas e dos problemas. Ela me ligava para dar notícias, eu escutava e a consolava, mas não passava disso. Eu estava meio paralisada. Não me oferecia para ajudar. Sabia que estava errada, mas era teimosa demais para mudar meu antigo modo de agir. Sem dúvida, eu estava atolada num pântano de ressentimento, atitudes antigas e rancores que carregava desde sempre. O pior é que eu não tinha absolutamente nenhum planejamento de como lidar com os últimos dias de mamãe, que com certeza não demorariam a chegar. Eu estava em negação.

Jim me perguntou várias vezes se eu não a visitaria antes que fosse tarde demais. Geralmente, eu mudava de assunto. Às vezes a culpa apertava e eu dizia: "Provavelmente, mas não agora." Não tinha certeza se seria o melhor para ela. O mais provável é que ficasse agitada, e ela não precisava disso. Eu temia que nosso relacionamento ruim impedisse a despedida correta, deixando nós duas com más lembranças que nunca conseguiríamos consertar. Assim, como uma criança, continuei enrolando, achando que o problema sumiria. Mas o adulto dentro de mim sabia que, se eu não fizesse um esforço para me despedir antes que ela morresse, não haveria segunda chance. Como eu me sentiria pelo resto da vida por ter tido a oportunidade e deixá-la passar?

Em 25 de março de 2012, um domingo, eu me aprontava para a caminhada matutina quando a luz do armário do quarto piscou de leve. Isso não acontecia havia vários anos, e nunca em nossa casa nova na Flórida, onde passávamos metade do ano. Então me chamou a atenção.

Fui até a outra ponta da casa e perguntei a Jim:

– Você notou se a luz piscou?

Ele estava lendo, e ergueu os olhos para perguntar:

– Se eu vi o quê?

Acabei deixando para lá. Achei que tivesse imaginado. Mas outra parte minha sabia que não.

Calcei os tênis e saí de casa para minha caminhada diária. O dia estava lindo. O céu era de um azul cristalino, e as árvores tinham começado a florir. O ar estava límpido. Morávamos numa ilhota residencial onde sentíamos com frequência a brisa do Golfo do México. Eu estava em paz e apreciando o exercício quando puxei meu iPhone do bolso para olhar a hora. Foi estranho. Eu estava gostando da serenidade. Por que olhar a hora? Talvez fosse um hábito, mas peguei o celular e o liguei. Eram 12h44 – exatamente. *Que interessante*, pensei. *A luz pisca pela primeira vez em vários anos e agora, 12h44. É melhor prestar mais atenção.*

Nos últimos 39 anos desde que me formei na faculdade, liguei para meus pais todos os domingos. Eles esperavam o telefonema com expectativa. Depois que papai morreu, continuei ligando para mamãe semanalmente, no mesmo dia. Na maior parte das vezes, temia o telefonema porque ela estava cada vez mais isolada e cheia de queixas sobre a casa de repouso, os outros moradores, sua saúde, tudo. Ela diminuíra seus interesses na vida, ficara mais negativa, mais crítica e mais infeliz.

Eu me lembrei de algo que ouvi de um psicólogo sobre o que nos acontece com a idade. Ele disse que ficamos mais do jeito que realmente somos, não menos. Quando envelhecemos, nossa energia para combater os atributos negativos que todos possuímos não é mais tão forte. Portanto, podemos ficar mais ranzinzas, mais irritados.

Naquele domingo, telefonei por volta das cinco da tarde. Previa o negativismo de sempre, mas dessa vez foi diferente. Ela divagava e deixou cair o fone enquanto conversávamos. Não havia ninguém para ajudá-la a pegá-lo. Eu a ouvia lutando, mas ela simplesmente não conseguia. Foi um momento doloroso, que me forçou a visualizá-la sozinha e indefesa, e essa imagem me provocou uma dor visceral. Também me senti indefesa. Dali a alguns minutos, tudo o que pude fazer foi desligar. Telefonei diretamente para o escritório da casa de repouso e lhes pedi que fossem ao quarto dela. Depois liguei para Signe e lhe pedi que desse uma olhada em mamãe. Signe vinha sendo uma santa, tomando conta dela nos últimos anos. Era mais paciente com ela, e não tinha o mesmo conflito de personalidades que eu e mamãe. Era muito mais tranquila e tolerante.

Quando terminei o telefonema, virei-me para Jim, sentado a meu lado no sofá, e comecei a chorar. Era tão triste... Não só por minha mãe, mas por todos os idosos que ficam sozinhos. Enquanto Jim segurava minha mão e me consolava, todas as lâmpadas do teto da área da cozinha e da sala de estar onde estávamos sentados começaram a piscar. Ficavam fortíssimas e depois escureciam, como se fossem se apagar completamente. Depois, voltaram ao normal. Dessa vez, Jim viu tudo comigo. E quando perguntei "Você viu isso?", ele não teve problema nenhum em fazer que sim com a cabeça.

Na mesma hora, eu soube o que fazer. Virei-me para ele e disse:

– Preciso ir ver a mamãe.

Na manhã seguinte, fiz as reservas. Tive muitas oportunidades para refletir sobre minha decisão, e sabia com absoluta certeza que estava sendo levada até mamãe – atraída, obrigada, puxada. Não entendi direito na época, mas era uma força muito intensa que dizia: "Você precisa estar com sua mãe antes que ela morra." O temor de que fosse um encontro difícil e doloroso foi substituído pelo reconhecimento de que ela precisava de mim e merecia que eu fosse até lá. E eu queria. Assim, com nova determinação, voei para Dallas. Signe me pegou no aeroporto e fomos juntas para a casa de repouso. Quando chegamos, mamãe se sentou o melhor que pôde e abriu um grande sorriso. Estava alerta, empolgada e surpreendentemente animada e calorosa. Achei que, se conseguisse apenas olhar além dos atributos superficiais que sempre me incomodaram, talvez eu encontrasse uma mulher inteligente, hospitaleira e até amorosa.

Ela falava com clareza, mas a tensão da idade e a deterioração de seu estado de saúde estavam muito evidentes. Ela estava quase esquelética e muito pálida. Os olhos refletiam um cinzento suave, em vez do verde-azulado mais cintilante que sempre conheci. Senti meu corpo tremer. Era a mesma mulher, mas estava perto do fim e sofria. Vê-la naquele estado físico enfraquecido, combinado à incomum atitude positiva e à vulnerabilidade quase infantil, me fez moldar uma nova imagem dela, o que quase me deixou imóvel.

No resto da tarde, Signe e eu ficamos sentadas ao lado de mamãe na cama e conversamos. Ela contou as experiências que levaram a suas escolhas na vida. Mamãe, como a mãe dela, era membro vitalício da Philanthropic Educational Organization (PEO, Organização Educacional Filantrópica), que oferece oportunidades educacionais a estudantes do sexo feminino do mundo inteiro. A PEO de Idaho me pedira algumas informações sobre mamãe para um livro que estavam escrevendo. Mas não deixei de perceber que elas poderiam ser usadas em seu obituário.

A conversa foi tranquila, talvez porque nunca tivéssemos feito nada parecido. Descobri coisas sobre ela que não sabia, talvez por nunca ter perguntado ou nunca ter realmente me interessado. Ela falou com carinho sobre a infância em Cambridge, no estado de Nebraska, com vovó e vovô, e que tivera um pônei e um cachorro. Refletiu sobre os dias da grande seca do Dust Bowl e sobre a Grande Depressão. Recordou que frequentara a Hastings College, onde conheceu papai. Ficou quase sem graça quando falou dele, de seu casamento em Cambridge, em 1942, e da mudança para Nova York enquanto ele frequentava o seminário.

Perguntei-lhe o que fazia enquanto ele passava o dia inteiro na faculdade. Ela respondeu que dera aulas na Ethical Culture School (Escola de Cultura Ética). Eu sabia que ela dera aulas no segundo e no terceiro anos da escola elementar de Cambridge, mas não sabia nada da Ethical Culture School. Como é que eu não sabia disso? Ela explicou que nunca pensou duas vezes antes de desistir da carreira de professora para criar nós quatro. Toda a conversa foi quase um caleidoscópio de sua vida numa forma condensada. Foi como uma retrospectiva.

Ela tinha uma grande amiga, Pauline Walburn, que conheceu aos 5 anos, em Cambridge, e outras amigas na igreja de Hamilton, em Ohio, onde papai servira. Muitas dessas amigas eram importantíssimas, e elas trocavam cartões de Natal todo ano. Ela nos mostrou seu surrado caderno de endereços, no qual havia linhas finas, parecendo traçadas com régua, sobre o nome das muitas pessoas que já haviam morrido. Ao olhar o caderno, ela se calou, e eu soube que a hora de ir embora estava se aproximando. Ela estava cansada.

Pouco antes de sairmos, entreguei-lhe o presente que lhe comprara em Sarasota na véspera de voar para Dallas. Ela não era uma pessoa sentimental nem parecia dar muita importância a presentes, fosse para dá-los ou recebê-los. E o fato de eu me aproximar dela daquela maneira não combinava com nosso relacionamento. Não sei exatamente o que me forçou a sair e procurar um presente, mas eu tinha na cabeça a imagem do que queria e foi fácil encontrá-lo. Era uma cruz de prata com um coraçãozinho pendurado, numa correntinha delicada. Eu sabia que mamãe não estava em condições de usar colares, mas eu a imaginara segurando-o nas mãos, como um rosário.

Fui até ela e disse:

– Mamãe, isso é para você. Quero que você o segure e toque sempre que se sentir assustada ou solitária. Quando o sentir junto à pele, entre os dedos, faça uma oração e pense em sua família, em todos nós que a amamos, tanto neste mundo quanto no outro. E lembre-se de sua fé cristã. Pense em papai e que ele está com você em espírito.

Ela nunca tivera muitas joias, se é que já teve alguma. Sua vida nunca girou em torno de consumo e bens materiais. Ela me olhou com uma expressão quase tímida que eu vira raramente e disse, baixinho:

– Obrigada.

O dia seguinte foi um domingo claro e ensolarado. Signe e eu tínhamos combinado de levar mamãe para almoçar em sua sala de jantar. Dan e Kyle, marido e filho de Signe, respectivamente foram conosco. Quando nos sentamos numa grande mesa redonda, fiquei olhando mamãe pelo canto do olho. Ela estava calada naquele segundo dia. Cansada. Fraca. Distraída. Meio distante. Esforçava-se para manter a comida no garfo e levá-la à boca. E parecia frustrada com as limitações de seu corpo. Notei de novo como estava frágil e magra. Perguntei-me se o que eu sentia era pena ou ternura. Onde estava a mulher forte, briguenta, cheia de opiniões e intolerante que conheci a vida inteira? Quem era essa pessoa calada e recolhida sentada a meu lado?

Depois do almoço, Dan e Kyle foram embora. Quase num sussurro, mamãe perguntou se podíamos ir lá para fora. Ela estava numa cadeira de rodas, então Signe e eu a empurramos ao longo da sala de jantar lotada, saímos pela porta da frente e fomos para a comprida varanda de madeira na frente da casa de repouso. Ela pareceu revitalizada pelo ar livre, e a conversa fluiu suavemente. Parecia sentia-se melhor do que no almoço, e fiquei aliviada ao vê-la relaxar. Quando o dia esquentou, decidimos ir para uma parte coberta, onde estava um pouco mais fresco. Mamãe ficou sentada em sua cadeira de rodas, e Signe e eu nos instalamos em grandes cadeiras de vime branco.

O tempo parecia parar enquanto eu fitava mamãe, sem saber se aquela seria a última vez que a veria. Meus olhos estavam abertos porque meu coração se abrira. Diante de mim estava a mulher que conhecera (ou não) como minha mãe durante todos aqueles anos. Senti muita tristeza e um remorso enorme. Mas então algo novo, inteiramente fresco, começou a surgir dentro de mim conforme minha tristeza se transformava em compaixão e depois, lentamente, em perdão.

Ela segurava com força no colo uma velha bolsa branca puída. Com cuidado, abriu-a e, ao tirar a mão ossuda e cheia de veias lá de dentro, segurava a correntinha com a cruz e o coração delicados. Respirei fundo e senti um nó na garganta.

Mamãe segurou a cruz brilhante na luz e, enquanto ela faiscava, disse:

– Eis a cruz que você me deu, Janis. Levei-a comigo para a cama na palma da mão ontem à noite, e a segurei com força. E fiquei com ela até vocês chegarem para o almoço. Não queria deixá-la no quarto, e a trouxe comigo na bolsa que seu pai me deu em Ohio quando vocês eram pequenos.

Observar mamãe enfiar a mão naquela bolsa velha e gasta para tirar a cruz e o coração queridos que eu lhe dera provocou em mim um sentimento de humildade e afeição profundas, emoções raras para mim em nossa relação. Eu estaria mudando, ou seria ela? Ou era simplesmente um momento divino de clareza? Não sei. Só sei que foi a salvação para nós duas.

Aproximei minha cadeira da dela e lhe disse que a amava muito, que sempre a amara. Expliquei que outras coisas haviam ficado no caminho, devido ao nosso ego e à nossa personalidade forte, somados à necessidade de conquistar o afeto de papai. Depois lhe falei do presente mais importante que ela me dera: a lição de que o importante não é o que nos acontece, mas a forma como lidamos com os fatos. Foi uma lição que pratiquei em todas as minhas dificuldades, principalmente quando perdi Max.

Agora era hora de retribuir. Então, reiterei seu conselho.

– O modo como você escolhe lidar com sua transição desta vida para a outra é que importa – falei. – Aos 93 anos, você não pode controlar o que está acontecendo com sua saúde. O que você pode controlar é o modo como encara as coisas enquanto passa por isso. Observei como você lidou com o luto quando papai morreu. Você segurou a barra e deixou todos nós impressionados com sua dignidade e sua compostura.

Ela me disse o que eu significava para ela e quanto ela me amava.

Signe observou tudo e, mais tarde, me disse que nunca vira nada parecido. Disse que foi quase sagrado. Ambas sentimos que havia uma suave luz dourada no ambiente. O que concluí, quando refleti a respeito, é que o perdão é o maior de todos os tipos de amor. E começa quando a gente se perdoa.

A essa altura a tarde estava terminando, e mamãe ficando cansada. Enquanto nos preparávamos para ir embora, eu disse:

– Mãe, estou convencida de que todos estão à sua espera: papai, Max, seu irmão George, vovó, vovô e outros que conhecemos e amamos.

Ela pareceu pensar no que eu dissera e respondeu:

– Você acha mesmo que eles estão lá?

– Acho – respondi. – Sei que estão lá e vão recebê-la. Estão prontos para conduzi-la até onde você precisa ir. Você não estará sozinha, mãe.

Nós a levamos até o quarto na cadeira de rodas. Era hora de partir, e eu sabia que para nós seria a despedida final. Mamãe estava sentada junto à cama e ergueu os olhos.

– Mamãe, lembre-se, amo você.

– Amo você – respondeu ela.

Dei um passo para fora da porta, olhei para trás mais uma vez e disse:

– Você não está sozinha, e algum dia me juntarei a você do outro lado.

Minha última lembrança é dela chorando enquanto íamos embora.

Pouco tempo depois, Margaret Louise Olson, minha mãe, faleceu.

Minha mãe e eu numa manhã de Páscoa no quintal de nossa casa em Hamilton, Ohio, 1959.

capítulo 23

Fazendo contato com o outro lado

Um dos professores de meu pai no Union Theological Seminary foi Paul Tillich, um teólogo e filósofo do século XX considerado muito influente. De todos os seus professores, era dele que papai falava com mais frequência, talvez porque tenha feito sermões aos alunos. Quando eu estava na faculdade, papai me deu *A coragem de ser*, um dos livros de Tillich, e o incluiu novamente na lista de leituras que fez para mim mais tarde. Por razões que não entendo direito, depois que mamãe morreu, esse livro me veio à mente. Quis encontrá-lo e lê-lo outra vez. Então procurei nas estantes da biblioteca e, por sorte, o achei. Aparentemente, havia algo ali que eu deveria entender.

Em *A coragem de ser*, Tillich escreve sobre as angústias mais comuns que, como indivíduos, experimentamos no decorrer da vida. Ele afirma que são três: a angústia de saber que um dia morreremos, a angústia da culpa de não saber se somos suficientemente dignos e a angústia de não saber se nossa vida tem algum propósito. Aninhada numa poltrona confortável em nossa sala de estar de Sun Valley, comecei a reler trechos do livro. Quando o deixei de lado para refletir sobre suas palavras, me vi perguntando por que não fiquei do mesmo jeito quando meu pai faleceu. Por que agora eu estava tão perturbada? Soube a resposta antes de terminar a pergunta. Tinha a ver com a segunda das três angústias. Eu me sentia culpada de não ter sido uma filha melhor. Tentar ser uma boa pessoa, ter consciência, era importantíssimo em minha vida, mas eu fracassara com minha mãe. Não fizera o que deveria ter feito durante a maior parte da vida. Deixara o atrito superar o amor. Sim, tínhamos nos reconciliado no finalzinho, e por isso me sentia imensamente grata. Mas isso não apagava os outros sessenta anos. Por que eu fora tão cabeça-dura? Agora era tarde demais. Ou não?

Tive uma ideia. E se eu fizesse uma sessão com um médium muito respeitado para entrar em contato não só com Max, mas talvez com mamãe e papai? Com os três falecidos, parecia fazer sentido. A sessão confirmaria o que agora eu desconfiava ser verdade, que sobrevivemos sob outra forma? Max, mamãe e papai se comunicariam comigo? Se existissem sob a forma de espíritos, e eu acreditava que sim, eu poderia trabalhar para me religar a mamãe por meio da oração, da meditação ou apenas conversar com ela em silêncio de vez em quando.

Telefonei para o Dr. Gary Schwartz, sabendo que ele seria uma boa fonte para dar uma boa indicação, e ele me recomendou Suzanne Giesemann. Ela e eu nos falamos por telefone e e-mail e marcamos uma sessão na casa dela, na Flórida. Concordamos que seria melhor ela saber pouquíssimo sobre mim, mas ficaria ciente da minha esperança de me comunicar com Max e com meus pais.

Suzanne tem um histórico extraordinário, diferente do que eu esperava. Ela é uma ex-comandante naval que trabalhou como assistente especial do chefe de operações da Marinha e foi escolhida pelo presidente do Estado-Maior para ser sua ajudante de ordens. Ela estava a seu lado no 11 de Setembro e partiu com ele no último avião que decolou. Eles sobrevoaram Manhattan, olhando os prédios em chamas, depois voaram para Washington e entraram no Pentágono quando ainda estava pegando fogo.

Ela voou no avião Air Force One com o presidente da República. Tem mestrado em Segurança Nacional e deu aulas de Ciência Política na Academia Naval dos Estados Unidos. Recebeu a Fita de Ação em Combate e a Medalha de Serviço de Defesa Meritório.

Quando se reformou na Marinha, depois de vinte anos de serviço, ela e o marido Ty decidiram cumprir a meta pessoal de navegar ao redor do mundo. Eles velejaram pelo Atlântico e estavam no Mediterrâneo quando souberam que a filha de 26 anos, grávida, fora atingida por um raio e morrera. Essa tragédia levou Suzanne a um médium. Ela controlou cuidadosamente as informações a que o médium teria acesso e teve uma experiência que descreve como "incrível". Durante a sessão, uma moça de 20 e poucos anos que morrera quis lhe apresentar seu menininho. A criança que a filha esperava era um menino. Suzanne soube, naquele momento, que tinha de escrever sobre aquilo.

Ela cultivou seu interesse por metafísica, espiritualidade e empoderamento humano, e escreveu dez livros sobre o tema, o mais recente dos quais é *Wolf's Message* (A mensagem do lobo). Depois que começou a ter as próprias experiências intuitivas, ela fez o curso intensivo da respeitada Escola de Ciência Psíquica Arthur Findlay, em Stansted, na Inglaterra. Há alguns anos, ela só oferece sessões particulares, embora esteja desenvolvendo a capacidade de trabalhar com grupos.

Fiquei muito contente de Jim ter ido comigo, porque passamos por alertas de tornado, chuva intensa e ventos fortes enquanto seguíamos de carro para a residência dos Giesemanns no centro-norte da Flórida. Mas conseguimos chegar. Suzanne nos recebeu calorosamente e nos deixou muito à vontade. Ela tem um belo sorriso e olhos castanhos brilhantes. Seu rosto é feminino e jovial, e ela tem a postura perfeita que seria de esperar de uma oficial da Marinha. Ela nos apresentou a Ty, que é amistoso e afetuoso.

Notei imediatamente a parede cheia de livros no hall de entrada.

Claramente, os Giesemanns são grandes leitores. Sei disso porque, sempre que vê livros, Jim não consegue se controlar e começa a olhar os títulos. Suzanne também nos apresentou a seus dois cães bem comportados, que pareceram farejar que Blue estava lá fora, no carro. Ela nos levou a uma sala reservada para começar a sessão.

Durante a viagem de carro, Jim e eu decidimos que, se Suzanne aprovasse, ele ligaria o gravador e sairia da sala. Estava com medo de influenciar a sessão, como sentia ter acontecido com Dave, o médium que consultamos antes. Mas, quando entramos na sala, havia três cadeiras. Jim disse a Suzanne:

– Não quero afetar o resultado, então acho que seria melhor sair.

– Ora, por que não fica? Podemos indicar nossa intenção, mas não tenho controle nenhum sobre quem aparece. Sua presença pode ter algum impacto, mas não tem problema – respondeu Suzanne.

Portanto, com o convite da médium e a lembrança da sugestão do Dr. Radin de que às vezes é bom ter mais alguém na sala, Jim ficou.

No fim das contas, acabamos não precisando usar nosso gravador. Suzanne grava todas as suas sessões. Fui sua cliente número 507. Ela é muito meticulosa: imediatamente após a sessão, envia uma cópia da gravação aos clientes. Achei que a ideia é excelente, passa uma ótima impressão dela e poderia até virar exigência na hora de escolher um médium qualificado.

Suzanne perguntou se podíamos começar a sessão com uma oração para centrá-la. Para ela, esse trabalho é sagrado. Demos as mãos e ela rezou:

– Oh, Deus, o grande espírito e o mundo dos espíritos, meus ajudantes do outro lado, obrigada pela oportunidade de me sentar com Janis e Jim e servir-lhes. Fico grata por ter sido escolhida para esse trabalho. Que hoje eu seja digna dele. Que os do outro lado venham com incrível clareza. Fico muito grata pelas orações atendidas e pelo andamento das coisas, e que continuem sempre a se expandir. Hoje farei o possível para aplicar todos os seus ensinamentos, e encheremos esta sala de amor para combinar com as suas vibrações. E obrigada pelo melhor resultado possível.

Quando a sessão começou, Suzanne fechou os olhos, inspirou profundamente pelos lábios franzidos e torceu a boca de um lado para outro. Ela ergueu os olhos para nós e disse:

– Não posso evitar essa contração. Gary Schwartz me disse que fico ridícula, e sei que fico, mas é meu guia e me ajuda. Ele me dá um sinal claro de que está aqui.

Ela não estava nada ridícula. Era como eu esperaria que alguém se comportasse ao tentar intensamente se comunicar com o mundo dos espíritos. A princípio, não ficou claro o significado do que ela disse:

– Ele está aqui.

Quem?, me perguntei. Ela já nos dissera que não podia controlar quem aparecia. Logo descobrimos que mais de um "ele" apareceria. Com o avanço da sessão, quatro espíritos declararam sua presença: Max, meu pai, minha mãe e o pai de Jim.

Não era à prova de erros, mas aos poucos aprendemos a saber com quem ela estava se comunicando pela direção que virava a cabeça. O movimento para outra direção era a indicação de que um espírito diferente estava falando. Ela disse que se sente atraída para o lado quando o espírito em comunicação é um pai ou uma mãe, e para o centro quando é um familiar sem laços de sangue, como um marido, parceiro ou amigo. Ela falava com os espíritos e lhes pediu várias vezes que dissessem mais. Eles vinham de forma intermitente, não sequencial, e a cabeça dela se movia de um lado para outro. Na maior parte do tempo, os olhos ficavam fechados. Ela diz que isso a ajuda a se concentrar e evita a interferência do olhar dos clientes.

De vez em quando, ela me perguntava se algo fazia sentido. Acho que era um modo de ajustar sua interpretação. Suzanne disse que seu acesso ao mundo dos espíritos acontece através de uma voz que ela escuta dentro de si. Ela também recebe imagens e símbolos. Ela é mais clariaudiente do que clarividente, porque ouve mais do que vê.

Às vezes, eu tentava ajudar, e ela dizia:

– Não, não fale nada.

Ela não queria ser influenciada de jeito nenhum. Era muito independente.

Começou a sessão me falando sobre Max. Sentiu sua presença como um tipo de fraqueza ou colapso físico. Ela disse que, geralmente, tem a "sensação de colapso" quando a causa da morte foi alguma doença física, e não um acidente. Isso combina com a morte de Max. Ela disse que achava que ele tinha uma "doença cancerosa", e apontou para o abdome ou estômago. Disse que achava que a doença acabou provocando metástase nos nódulos linfáticos. De todas as formas de morrer, Suzanne acertara, além do câncer, a área do corpo atingida. O esôfago está ligado ao estômago, portanto, embora não fosse 100% correto, chegou muito perto. E o câncer de Max provocou metástase nos nódulos linfáticos, o que, em última análise, tornou seu câncer fatal.

Na hora de definir sua personalidade, achei interessante que, entre todos os atributos que poderia ter escolhido, ela preferiu "um homem paciente, seria preciso muito para irritá-lo", e disse que Max "examinava as coisas" antes de reagir. Isso era extremamente característico dele. Disse que ele tinha uma "calma profunda e conhecimento das coisas", o que também era verdade. Ele não buscava se unir aos outros nem ser aceito. Era um solitário feliz, lendo seus livros e aprendendo. Ela descreveu uma "profunda sacralidade" em Max, que não chamaria de "religião". Disse que ele se sentia atraído para esse caminho que considerava sagrado, embora, mais uma vez, não de um ponto de vista religioso. E acertou nisso também. Max acreditava que livros, música e artes plásticas eram sagrados. Acreditava que a busca pelo conhecimento era sagrada. Certa vez, disse que o mais perto que chegou de "conhecer" Deus foi em presença de um grande livro.

Suzanne também disse que Max não se sentia à vontade com conflitos, que "sua reação era se afastar ou entrar no quarto e fechar a porta". Lembro-me das poucas vezes que voltei para casa depois de um dia ruim, uma pilha de nervos, com vontade de arrumar briga. Mas embora eu tentasse atiçar as chamas da discussão, Max recuava. Não era a dele. Eu ficava decepcionada, porque gostava de uma boa briga de vez em quando. Não podia brigar no trabalho, então por que não em casa, ocasionalmente? Aprendi, nos quatro anos em que ficamos casados, que, se eu quisesse brigar, teria que ser sozinha.

O mais perto que chegamos de uma discussão foi numa vez em que essa nem era a minha intenção. Era uma tarde ociosa de sábado. Max estava na academia e tive a brilhante ideia de rearrumar os livros das estantes da biblioteca. Só que não percebi duas coisas bem importantes. Uma: 90% dos livros eram de Max. Duas: ele os organizava em ordem alfabética pelo sobrenome do autor. Sem saber disso, reorganizei os livros por cor e tamanho, método que considerava muito mais atraente em termos estéticos. E me orgulhei muito de minha obra.

Quando Max voltou para casa mais tarde, ouvi-o fazer um barulho na biblioteca como se bufasse pelo nariz. Fui ver se ele estava bem e perguntar se notara como as estantes estavam bonitas. Ele estava abaixado, pegando um livro de arte grande e pesado na pilha bem arrumadinha que eu fizera com todos os livros do mesmo tamanho nas prateleiras de baixo. Ele se virou devagar, e seu rosto estava da cor de um tomate.

– O que foi? – perguntei.

– Você reorganizou os livros, não foi? – perguntou ele, bastante sério.

– Bom... sim – guinchei com voz de Minnie Mouse.

– Quantos?

– Bom, é... todos... mais ou menos – respondi.

Ele me pediu que não fizesse aquilo de novo, e acabou. Aquela não foi a noite mais divertida da minha vida. Foi silenciosa, e ele se fechou. Mas aprendi minha lição sobre os livros. Aquilo nunca voltaria a acontecer!

Mas voltemos à nossa sessão com Suzanne. Ela me disse que Max era "liberal, democrata e falava muito ao telefone, às vezes dois ao mesmo tempo. Era justo com as pessoas com quem trabalhava, mas exigente". Disse que o via "no escritório, numa escrivaninha coberta de papéis". Mais uma vez, tudo verdade. Max era democrata de carteirinha. E não gostava de computadores, preferia blocos de papel pautado.

Ela disse que Max era meticuloso – "Vejo meias alinhadas na gaveta, enroladas direitinho... sapatos de cadarço com nó duplo... ternos alinhados, um sujeito muito limpo, muito cuidadoso." Era fascinante para mim, porque essa era a essência de Max. Assim como a coleção de CDs, os livros, as meias, os sapatos e os ternos eram organizados com precisão. E a maioria dos sapatos sociais tinha cadarço. Não eram mocassins, informais demais para Max.

Suzanne disse outras coisas sobre Max que não eram totalmente exatas. Mas eram a minoria. Em termos gerais, ela fez um trabalho espantoso ao defini-lo.

Com papai, foi uma mistura de coisas que considerei exatas e outras que não. Por exemplo, ela achou que papai tinha problemas cardíacos, mas foi o câncer que lhe tirou a vida. E ela mencionou um problema com a perna que exigia bengala. Isso não fazia sentido. Suzanne também pensou que ele havia trabalhado com engenharia e pesquisa, o que não era verdade. E achava que era rabugento, o que é igualmente falso, a não ser, talvez, no fim da vida.

Mas ela acertou ao descrever sua criação humilde e sua ascensão a uma vida "mais elevada" por meio do serviço como ministro. Também articulou perfeitamente seu amor por minha mãe e detalhou como o laço matrimonial deles era forte. Disse que ele gostava de contar piadas. Era verdade. Quando eu era criança, havia muito humor em nossa casa. Ela disse que papai se orgulhava de mim e queria me abraçar. Parecia algo que ele diria, embora fosse genérico.

Eu estava ansiosa para saber o que ela transmitiria de mamãe. Suzanne disse que mamãe era "alguém não muito agradável com as palavras". Totalmente verdade. Disse que sentia que ela me dizia "o que fazer, como me comportar, como ser". Sem dúvida estava certo.

– Ela é muito crítica – explicou Suzanne. – Você vivia pisando em ovos, sem saber como se comportar perto dela. Ela era imprevisível.

Assustadoramente correto.

Então Suzanne disse algo muito esclarecedor:

– O que estou sentindo é que ela era alguém que ficava no próprio mundinho.

Na mosca. Será que mamãe ficara em seu mundinho todos aqueles anos, enquanto eu ficava no meu? Será por isso que nunca nos conectamos? Enquanto eu sentia que ela estava me criticando, será que ela sentia o mesmo em relação a mim, já que, de fato, eu a estava criticando? Será que eu esperava que ela fosse o que eu queria em vez de lhe permitir que fosse quem era, alguém no próprio mundinho, um mundo que eu jamais conseguiria conhecer? Será que, lá onde estava, ela estava me ensinando que o amor não depende de sermos parecidos? Será que eu estava aprendendo que o amor não julga, apenas aceita?

Eis a parte importante: eu não precisava me sentir culpada, nem ela. Ambas tínhamos desempenhado um papel em nosso relacionamento. Cheguei a essa conclusão naquele momento especial na varanda, em Dallas, com mamãe e Signe. Nós estendemos as mãos uma à outra e, finalmente, nos conectamos. A verdade de nosso amor e o poder do perdão foram indiscutíveis. Se havia alguma culpa, era de sermos imperfeitas, o que seria o mesmo que dizer que éramos culpadas de sermos humanas.

Acredito que o amor e o perdão provocaram a visita do pai de Jim também. Suzanne disse que havia um espírito com uma ligação militar se comunicando. (O pai de Jim era oficial de carreira da Força Aérea.) Que era o espírito de um homem e que ela poderia chorar ali mesmo, porque a emoção era muito forte. Ela definiu com perfeição sua carreira e sua personalidade. Foi muito específica. Na verdade, a mensagem foi tão detalhada que, quando me virei para Jim, vi que ele estava literalmente perplexo. Suzanne disse que o pai de Jim estava ali para pedir desculpas pelo relacionamento turbulento dos dois. Disse que ele assumia a responsabilidade e queria dizer a Jim: "Você é um homem melhor do que fui. Você tem um coração imenso." Olhei para Jim e havia lágrimas em seus olhos. Só o vira chorar em uma outra ocasião: no funeral da mãe.

Por mais impressionante que fosse tudo isso, houve dois momentos tão excepcionais, tão extraordinários que, além de selar minha confiança em Suzanne e em sua capacidade de se conectar ao mundo dos espíritos, me provaram que o mundo dos espíritos existe e existe bem aqui, ao nosso lado.

A certa altura da sessão, Suzanne me olhou e disse:

– O que estou ouvindo é... Ouço Dirty Harry e depois ele me levou para Sacramento. Não sei por quê. Alguma ideia, algum vínculo, isso faz sentido? Dirty Harry é Clint Eastwood. Clint Eastwood foi prefeito de Carmel. Não é?

Fiquei completamente estupefata. Isso era tão obscuro, tão singular, que não havia como não ser autêntico.

Em 2000, Max e seus sócios na Townsend Raimundo Besler & Usher, em Sacramento, ajudaram a promover para a Pebble

Beach Company um abaixo-assinado a favor de um projeto de lei de iniciativa popular no condado de Monterey. Parte da medida aprovava a construção de um novo campo de golfe. Os sócios, inclusive Max, conheceram e trabalharam com Clint Eastwood. Qual seria a probabilidade de Suzanne, que não me conhecia, não conhecia Max nem tinha informações sobre nós, saber disso?

Mas fiquei realmente sem fôlego e com lágrimas nos olhos quando Suzanne disse:

– Vejo um homem deitado num caixão, com as mãos sobre o peito e flores nas mãos. Sei que não faz muito sentido para um homem, mas é o que vejo. Ele fala sobre as estrelas, as estrelas no céu, e aponta uma delas.

Na cerimônia fúnebre de Max, depois que eu e Tanner terminamos de fazer nosso discurso no púlpito, descemos a escadinha e cada um colocou uma tulipa branca em cima do caixão. Pouco depois, o reverendo Jesse Vaughan subiu ao púlpito e leu a homilia que preparara para a cerimônia, que citava um trecho de *O pequeno príncipe*, escolhido, acredito, especialmente para confortar Tanner. Agarrei-me às palavras enquanto meu coração chorava, não só por mim, mas também por meu filho. Sentados no banco, sentindo o ombro de Tanner apertado de leve contra o meu, soube que, se Max estivesse sussurrando do céu entre as estrelas, escolheria o riso para fazer Tanner guardá-lo para sempre no coração.

> *As pessoas têm estrelas que não são as mesmas. Para uns, que viajam, as estrelas são guias. Para outros, elas não passam de pequenas luzes. Para outros, os sábios, são problemas.* [...] *Mas todas essas estrelas se calam. Tu, porém, terás estrelas como ninguém.* [...] *Numa delas estarei rindo* [...] *E abrirás às vezes a janela à toa, por gosto...*

ANTOINE DE SAINT-EXUPÉRY, *O pequeno príncipe.*

capítulo 24

Encontrando a mim mesma

Em 2007, quando papai faleceu, honramos seu pedido de ser cremado, e as cinzas foram guardadas no Mortuário Lockenour-Jones em Cambridge, Nebraska. Ele e mamãe tinham pedido para serem sepultados juntos em Cambridge, onde mamãe cresceu e onde, no Cemitério Fairview, seus pais e avós estavam enterrados. Uma campa conjunta fora reservada para os dois ao lado de seus ancestrais, no túmulo da família Thorndike.

Assim, depois da morte de mamãe em abril de 2012, mandamos sepultá-los um ao lado do outro, como tinham desejado. Encomendamos uma lápide conjunta para marcar o lugar. Escritas na frente estavam palavras escolhidas por minha cunhada Marky: JUNTOS 70 ANOS – E PARA SEMPRE. Em homenagem aos muitos anos de mamãe como membro da PEO, pusemos na lápide uma insígnia da organização para indicar que ela era filiada à Philanthropic Educational Organization.

No final de agosto, nossa família conseguiu se reunir para uma cerimônia em homenagem a meus pais. Não é fácil chegar a Cambridge, com sua população de 1.063 habitantes. É preciso pegar um avião até Omaha e depois dirigir quatro horas até lá. Com familiares em diversas partes do país, levamos algum tempo até que conseguíssemos conciliar a agenda de todos.

Jim e eu chegamos no fim da tarde de quinta-feira. Tínhamos vindo de Sun Valley, Idaho, em nossa fiel Toyota Sequoia, porque era mais fácil do que ir de avião e poderíamos levar conosco Blue, o Supercão, com sua coleção de frisbees. Eu não ia a Cambridge desde a visita que fizera a meus pais em 2003; eles moraram lá durante algum tempo quando estavam com 80 e poucos anos. Eu não lembrava que havia apenas um restaurante que abria para o jantar. Aparentemente, Jim não tinha entendido direito quão minúscula era aquela cidade. Depois que nos sentamos numa mesinha com toalha xadrez vermelho e branco, ele pediu a carta de vinhos. A garçonete de cabelo eriçado, parecendo saída diretamente de 1960, o fitou como se ele tivesse vindo de Marte, e disse, com voz completamente monótona:

– Querido, faz 15 anos que não temos carta de vinhos.

No dia seguinte, chegaram Marky e meu irmão Kurt, assim como minha irmã Signe com o marido, Dan. Brian, meu outro irmão, chegou de Connecticut com o filho, Jason. Fiquei muito feliz por vê-lo, porque ele tem um ótimo senso de humor e é uma pessoa de bom coração. Gosto de sua companhia, e foi reconfortante ter entre nós um representante da próxima geração. Tanner não pôde ir porque estava na primeira semana do novo emprego, depois de se formar na faculdade.

Todos ficaram hospedados no Cambridge Bed and Breakfast, uma bela casa tombada pelo patrimônio histórico local e transformada em pousada. Gloria Hilton, a proprietária, e o marido Gerald são da quarta geração de moradores da região. Gloria, como mamãe, pertencia à PEO, e as duas eram amigas. Ela foi uma anfitriã encantadora e, com a ajuda da família, nos serviu refeições deliciosas enquanto estivemos lá. Eles nos receberam como se fôssemos da família.

Na noite de sexta-feira, depois que todos chegaram, fomos jantar fora juntos. Jim não pediu a carta de vinhos, mas acabou recebendo uma. A garçonete da noite anterior o reconheceu quando entramos e, em poucos minutos, foi até nossa mesa. Com um sorriso maroto, entregou a Jim uma folhinha de seu bloquinho verde. Estava escrito a lápis: "Carta de vinhos: Tinto. Branco. Rosé." Jim fez uma cara de "eu mereço", e todos os outros caímos na gargalhada. Acabou sendo uma noite fantástica em que nos atualizamos sobre a vida uns dos outros e revivemos histórias que todos já havíamos contado. Fazia quatro anos desde nossa última reunião, em Sun Valley, em meu casamento com Jim. Às vezes, um pensamento tremulava em minha mente: quantas vezes voltaríamos a nos encontrar antes que um de nós partisse? Ah, se pudéssemos fazer com que esses momentos durassem mais tempo...

A cerimônia foi na manhã seguinte, no sábado. Tínhamos decidido que seria apenas a família. Mamãe afirmara com a máxima clareza que queria uma cerimônia religiosa na Trinity United Methodist Church, onde ela e papai haviam se casado 70 anos antes. A pastora, uma mulher de voz suave chamada Sherry Sklenar, conduziu a cerimônia. Cada um dos filhos e filhas escreveu um breve discurso fúnebre.

Comecei o meu assim: "Hoje falarei diretamente com mamãe e papai, porque realmente acredito que eles estão aqui, presentes em espírito." Essas são palavras que eu nunca diria em 2004, quando Max morreu. Não fora capaz de prever a influência que ele teria sobre mim. O que era extraordinário era que eu o conhecia há mais tempo na morte do que em vida.

Agora, absorvendo a morte de meus pais, tive uma sensação de paz pelos dois. Não sabia todas as respostas, mas aceitei a realidade da morte deles com calma mental e emocional. Sabia, no fundo do coração, que eles estavam presentes porque eu sabia que o amor nunca morre.

E Max me ensinara ainda mais. Comovida pela música, pela reverência dentro da igreja e pelo afeto de minha família ali reunida, tive uma ideia. Tinha a ver com esperança e livre-arbítrio.

A jornada que fiz foi movida pela esperança. Quem consegue

medir o valor desse sentimento? Ele é infinito. A esperança alimentou minha vontade de aprender, de buscar compreensão e conhecimento. Além disso, reconheci que essa preciosa esperança nascera do livre-arbítrio, o livre-arbítrio de que falara o Dr. Wendland, que todos nós, seres humanos, possuímos. Cada um de nós decide ter esperança ou se desesperar, acreditar ou não na vida após a morte. Qualquer que seja, essa escolha não é ditada nem herdada. Ela se desenvolve independentemente, o que a torna ainda mais poderosa. Como tomei a decisão consciente de ter esperança de que houvesse algo mais, pus de lado a desconfiança e o medo e me abri para o desconhecido.

Ao olhar minha família, senti outra vez a pontada no coração que sentira na noite anterior ao perceber que, a não ser por Jason, todos tínhamos atingido a idade em que precisamos encarar nossa própria mortalidade. Estudei o rosto de Jim, de minha família, demorando-me mais do que o normal para gravar suas expressões na memória. Tive a fortíssima sensação de quanto amava cada um deles e de como me sentia grata por tê-los em minha vida.

Graças aos lindos discursos fúnebres de Kurt, Brian e Signe, além das palavras da pastora Sklenar, a cerimônia foi significativa e memorável. Tenho certeza de que mamãe e papai gostaram. No entanto, o tempo todo, não consegui me livrar de um pensamento constante. Tinha a ver com Max. Eu estava homenageando a vida de duas pessoas importantíssimas de minha vida, num lugar que tinha fortes vínculos comigo, com eles, com gerações dos dois lados da minha família. Mas foi Max, muito distante de minha ancestralidade do Nebraska, quem me ensinou a entender a morte de meu pai e, de modo ainda mais surpreendente, a de minha mãe, alguém que nunca entendera em vida. Assim como a lição de minha mãe sobre como devemos lidar com a adversidade me ajudou durante a morte de Max, as lições de Max me ajudaram a lidar com a morte de meus pais. E ele me concedeu essa dádiva estando num lugar ainda mais remoto, o outro lado.

Então onde Max estaria naquele dia tão importante? Com ele, eu aprendera a prestar atenção. Por causa dele, eu sabia que o espírito de quem partiu está sempre por perto. Ele me ensinou que é possível fazer contato além da morte, que o amor vence a distância geográfica, o tempo e o espaço. Mas naquele dia eu não estava sentindo sua presença. Queria saber por quê.

Depois da cerimônia, almoçamos na pousada e fomos dar um passeio pela cidade, recordando visitas de quando éramos crianças. Eu me lembro muito bem da loja de vovô, hoje chamada Thorndike Hall, o lugar onde Glenn Miller, o grande maestro de *big bands*, tocou. Fomos até o lindo parque repleto de jardins onde, quando éramos crianças, vovô conseguia montar espetáculos impressionantes com fogos caseiros na festa de Quatro de Julho. Ficávamos sentados em grandes mesas de madeira de piquenique, comendo hambúrguer e picles, enquanto o cheiro de carvão enchia o ar. Vovô remexia em seu saco de fogos enquanto corríamos de um lado para outro com nossas estrelinhas douradas acesas. Estar outra vez com minha irmã e meus dois irmãos no lugar onde estivéramos juntos 50 anos antes tinha um significado especial. Senti meu coração se encher de novo, como sentira durante o jantar e na igreja durante a cerimônia. E, num cantinho, havia uma pontinha de ansiedade pela ausência de Max. Por que eu não sentia sua presença?

Na manhã seguinte, fiquei muito triste quando nos despedimos. Trocamos as promessas de sempre – "Vocês têm que vir nos visitar" e "Vamos nos ver em breve" –, mas eu desconfiava que havia uma razão para meu coração bater um pouquinho mais forte. Eu temia que, com nossa vida ocupada, isso não fosse acontecer logo.

Decidi que precisava ficar algum tempo junto à natureza para refletir sobre esses últimos dias. Enquanto Jim colocava nossas coisas no carro, Blue e eu fomos dar uma volta. O dia estava lindo. Segui a rota do dia anterior pelo centro da cidade, que pouco mudara no decorrer do século, e depois voltei ao parque. Cambridge fica à beira do rio Republican e do riacho Medicine, e eu sabia que era um parque característico de uma comunidade que cuida bem de seu meio ambiente. Comecei a relembrar que, cinquenta anos antes, eu nadava com Kurt e Brian no laguinho que havia lá. Entrei no parque e descobri um sistema meticulosamente bem cuidado de trilhas para caminhada. Blue e eu o seguimos e acabamos perto do riacho límpido e borbulhante.

De repente, vi diante de mim uma pontezinha. Gravadas em letras grossas numa placa, estavam as palavras: PONTE MAX. Parei de repente. O que aquilo estava fazendo ali? Não existia na última vez em que eu fora a Cambridge. Vi-me fazendo a antiga e conhecida pergunta: será coincidência? Sei que Max não é um nome raro, mas, ainda assim, qual seria a probabilidade daquilo? Naturalmente, não pude deixar de pensar que uma ponte vai daqui para lá. Que metáfora! E me lembrei de Traci Ireland me dizendo que Max precisava atravessar "a ponte". Corri de volta para contar o caso a Jim. Max não desaparecera, afinal de contas.

Quando saíamos da cidade, paramos na casa de repouso para visitar Pauline Walburn, a melhor amiga de mamãe. Isso fez com que saíssemos de Cambridge por uma rota diferente da que usáramos dois dias antes para chegar (são apenas duas rotas). A cerca de um quilômetro e meio a oeste da cidade, vimos a grande placa de uma fábrica, instalada com destaque ao lado da estrada. Dizia: BESLER INDUSTRIES. O que o sobrenome de Max estava fazendo numa placa diante da única fábrica de Cambridge? De acordo com o catálogo telefônico, há apenas 750 pessoas com o sobrenome Besler nos Estados Unidos. E isso me pareceu bem pouco comum.

Em última análise, considerei sincronicidade tanto a Ponte Max quanto a placa das Indústrias Besler. Eram mensagens de Max e do mundo dos espíritos: nossa ligação com as pessoas amadas não é limitada geograficamente. Acredito que meus avós, meus pais e Max se uniram em outra vida. E que eles queriam ter certeza de que eu soubesse disso.

Sinto-me humilde e grata com minha jornada. Estou convencida de que Max e o mundo dos espíritos me guiaram durante esse período e continuam presentes até hoje. E não acho que eu seja especial. Acredito que todos nós temos potencial para conhecer os limites indefinidos entre esta vida e a próxima. O que vemos varia, mas está lá; basta abrir os olhos e o coração e prestar atenção. Minha história é única, mas, paradoxalmente, também é universal.

A mão no espelho fala da possibilidade em nossa vida. Fala da ponte entre este mundo e o próximo. E, como tudo mais, este livro e minha jornada espiritual falam do amor. Somos todos um, unidos pelo amor.

Ainda recebo mensagens de Max ocasionalmente, mas menos numerosas. O horário 12h44 aparece em momentos significativos, e luzes piscam sem causa aparente quando algo importante está para acontecer. Escolhi acreditar que, quando as luzes piscam, é Max piscando para mim. Ao contrário de um sorriso, uma piscadela é algo muito mais íntimo. A ligação é pessoal. Não me esforço para procurar sinais de Max, mas permaneço aberta a eles. Continuei seguindo em frente e levo minha vida com Jim, satisfeita com tudo o que ela tem a oferecer.

Visito Tanner regularmente em São Francisco. Num sábado recente, ele e eu caminhávamos pela rua Powell, perto da Union Square, quando ele ouviu o clamor e o tilintar de um bonde que passava, as rodas girando e deslizando sobre os trilhos. Virei-me para olhar e perguntei a Tanner se ele se lembrava da vez em que eu, Max e ele pegamos um bonde anos atrás. Tanner deveria ter uns 10 anos. Era um sábado frio de outono. Nós três tínhamos acabado de visitar Alcatraz e voltávamos para jantar perto da Union Square. Ouvimos a sineta do bonde e o rangido dos cabos, então nos viramos para vê-lo passar. Nisso, o bonde parou, e Max disse: "Vamos embarcar! Por que não?" Rapidamente nos içamos para dentro do bonde e lá fomos nós, bem juntinhos uns dos outros no veículo já lotado. A brisa da baía atingia nosso rosto, e nos abraçamos com mais força. Max pôs os braços ao redor de nós dois, e o tempo parou. Foi um momento de perfeição. É nessa lembrança e em outras como ela que Max continua a viver, dentro de mim e de Tanner, e viverá pelo resto da nossa vida.

Não faz muito tempo, Jim, Blue e eu fizemos uma de nossas famosas viagens de carro e fomos para a Costa Oeste. Paramos em Sacramento para visitar amigos, como minha antiga faxineira Helen. Jim, Helen e eu almoçamos num restaurante grego muito bom. Eu não a via fazia tempo, e foi ótimo saber como andava sua vida e a de sua família. Foi gratificante saber que ela continua a acreditar, como eu, que Max cumpriu sua promessa. Concordamos que, como disse que faria, ele voltou para que soubéssemos que há algo além da vida.

No dia em que enterramos as cinzas de meus pais em Cambridge, Nebraska, no alto das colinas ondulantes do cemitério nos limites da cidade, uma percepção me trouxe muita clareza e me inundou. Em silêncio, parada ali entre os abetos e bordos, soube que era uma pessoa diferente da mulher que estivera ao lado do túmulo de Max em Yountville, na Califórnia, oito anos antes. Minha vida segura, previsível e relativamente controlada, aquela que me dava segurança e continuidade, saíra dos trilhos. Enfrentei experiências extraordinárias que mudaram a maneira como vejo o mundo. Desde a morte de Max, passei do pesar ao medo, depois ao espanto e, finalmente, à curiosidade e à esperança que provocaram o início de uma peregrinação. Finalmente, cheguei a uma visão mais complexa da vida e da morte. Hoje sou uma pessoa muito mais intensa, capaz de sentir emoções mais profundas. E estou mais bem preparada para minha mortalidade e todas as suas consequências.

Em outras palavras, a morte me ensinou sobre a vida. Agora raramente desperdiço tempo. Há menos brigas, e não condeno aqueles que amo e que escolheram ser diferentes de mim. Não me distraio durante as ocasiões valiosas junto com a família e os amigos. Vivo o presente, aguçando a consciência para prestar atenção a todas as suas dimensões. Saboreio os breves vislumbres do mistério de nossa existência. A mão no espelho que me foi revelada mudou tudo.

A ponte Max (Max Bridge), Cambridge, Nebraska, agosto de 2012.

Posfácio

Essa é minha história. Meu sonho de contá-la abertamente se realizou. Agora espero que você conte a sua. Meu site, em inglês, http://thehandonthemirror.org, foi criado exatamente para isso. Inscreva-se e dê seu relato.

# Agradecimentos

A *MÃO NO ESPELHO* NÃO EXISTIRIA SEM UMA MÃOZINHA DE OUTRAS pessoas.

Em primeiríssimo lugar, quero agradecer a Mary Evans, minha agente literária. Ela acreditou em mim e conseguiu rapidamente achar quem tivesse a mesma crença.

Gostaria de agradecer ao pessoal extraordinário da Grand Central Publishing, principalmente minha editora Deb Futter. Seu apoio e sua paixão por este livro o tornaram realidade. Também quero agradecer a Jamie Raab, Brian McLendon, Matthew Ballast, Jimmy Franco, Oscar Stern, Dianne Choie e Elizabeth Kulhanek.

Além disso, quero agradecer aos pesquisadores, cientistas, acadêmicos e líderes espirituais que entrevistei. Sem eles, este livro não seria possível. Meu muito obrigada vai para Dr. Paul Wendland, Dr. Dean Radin, Dr. Bruce Greyson, Dr. Gary Schwartz, Dra. Carol de la Herran, Dr. Charles Tart, Dra. Robin Van Doren, Loyd Auerbach, Stephen Barr, Traci Ireland, Dave Campbell e Suzanne Giesemann. Também quero agradecer a Bob e Phran Ginsberg, Lynn Dickerson e Shelby Coffey pela contribuição.

Quero exprimir profunda gratidão à minha amiga Carol Hanner. Como ex-editora de jornais, a habilidade de Carol na revisão de meu original e sua ajuda para prepará-lo para apresentação à Grand Central Publishing foram inestimáveis.

Serei eternamente grata aos dois homens que mais amo na vida, Jim e Tanner. Além de me apoiar, Jim se uniu a mim em minha jornada. Tanner nunca duvidou de mim e me manteve com os pés no chão durante os dias mais difíceis de minha vida. Os dois são como o brilho quente e dourado de um lampião que ilumina o caminho à frente. Sem a luz, não haveria caminho, e sem caminho, não haveria jornada. Devo tudo a eles.

Finalmente, quero agradecer a Max, que a princípio inspirou essa jornada e me ensinou, antes e depois de falecer, a natureza ilimitada do amor.

CONHEÇA OS CLÁSSICOS DA EDITORA SEXTANTE

1.000 lugares para conhecer antes de morrer, de Patricia Schultz

A História - A Bíblia contada como uma só história do começo ao fim, de The Zondervan Corporation

A última grande lição, de Mitch Albom

As 25 leis bíblicas do sucesso, de William Douglas e Rubens Teixeira

Conversando com os espíritos e *Espíritos entre nós*, de James Van Praagh

Desvendando os segredos da linguagem corporal e *Por que os homens fazem sexo e as mulheres fazem amor?*, de Allan e Barbara Pease

Enquanto o amor não vem, de Iyanla Vanzant

Faça o que tem de ser feito, de Bob Nelson

Fora de série - Outliers, de Malcolm Gladwell

Jesus, o maior psicólogo que já existiu, de Mark W. Baker

Mantenha o seu cérebro vivo, de Laurence Katz e Manning Rubin

Mil dias em Veneza, de Marlena de Blasi

Muitas vidas, muitos mestres, de Brian Weiss

Não tenha medo de ser chefe, de Bruce Tulgan

Nunca desista de seus sonhos e *Pais brilhantes, professores fascinantes*, de Augusto Cury

O monge e o executivo, de James C. Hunter

O poder do Agora, de Eckhart Tolle

O que toda mulher inteligente deve saber, de Steven Carter e Julia Sokol

Os segredos da mente milionária, de T. Harv Eker

Por que os homens amam as mulheres poderosas?, de Sherry Argov

Salomão, o homem mais rico que já existiu, de Steven K. Scott

Transformando suor em ouro, de Bernardinho

INFORMAÇÕES SOBRE A SEXTANTE

Para saber mais sobre os títulos e autores
da EDITORA SEXTANTE,
visite o site www.sextante.com.br
e curta as nossas redes sociais.
Além de informações sobre os próximos lançamentos,
você terá acesso a conteúdos exclusivos
e poderá participar de promoções e sorteios.

www.sextante.com.br

facebook.com/esextante

twitter.com/sextante

instagram.com/editorasextante

skoob.com.br/sextante

Se quiser receber informações por e-mail,
basta se cadastrar diretamente no nosso site
ou enviar uma mensagem para
atendimento@sextante.com.br

Editora Sextante
Rua Voluntários da Pátria, 45 / 1.404 – Botafogo
Rio de Janeiro – RJ – 22270-000 – Brasil
Telefone: (21) 2538-4100 – Fax: (21) 2286-9244
E-mail: atendimento@sextante.com.br